Migration und Bildung

Sozialwissenschaftliche und integrationspolitische Perspektiven

d|u|p

Migration und Bildung

Sozialwissenschaftliche und integrationspolitische Perspektiven

Vortragsreihe der IIK-Abendakademie

Herausgegeben von Heiner Barz

Band 1

Institut für Sozialwissenschaften
Heinrich-Heine-Universität Düsseldorf

d|u|p

Bibliografische Information der Deutschen Nationalbibliothek
Die Deutsche Nationalbibliothek verzeichnet diese Publikation in der
Deutschen Nationalbibliografie; detaillierte bibliografische Daten sind
im Internet über http://dnb.d-nb.de abrufbar.

© düsseldorf university press, Düsseldorf 2011
http://www.dupress.de
Umschlaggestaltung: Friedhelm Sowa
Satz: Friedhelm Sowa, LaTeX
Herstellung: Stüttgen Lektorat · Satz · Druck, Jüchen
Gesetzt aus der Linux Libertine und der URW Classico
ISBN 978-3-940671-89-9

Inhalt

Vorwort

Bruno Bleckmann

Weltgeschichte ist immer Migrantengeschichte, vom Auszug früher Menschen aus Afrika bis zum 21. Jahrhundert. Wie die Neuankömmlinge – Invasoren, verschleppte Arbeitssklaven oder zuwandernde bäuerliche Siedler – sich mit den Alteingesessenen verbinden, kann ganz verschieden ausfallen. Bald prägen die Neuankömmlinge den Alteingesessenen ihre Identität auf, bald ist es umgekehrt, meistens entstehen aber ganz neuartige Gesellschaften und Kulturen. In einem solchen geschichtlichen Prozess der Neuformung befindet sich derzeit die Bundesrepublik und befindet sich Nordrhein-Westfalen.

Im Unterschied zu früheren historischen Epochen haben wir es aber – etwa durch die gut ausgebauten Bildungsinstitutionen – viel stärker in der Hand, diesen Prozess zu gestalten und zu bestimmen, ob der Prozess sich zu einer glücklichen Geschichte entwickelt. Dazu gehört, dass man über die Bedingungen und Herausforderungen, denen Migranten in der Bundesrepublik gegenüberstehen, reflektiert und der Politik wissenschaftlich abgesicherte Gestaltungskriterien an die Hand gibt.

Die Philosophische Fakultät der Heinrich-Heine-Universität ist in vielerlei Hinsicht ein geeigneter Ort, an dem diese Reflexion stattfinden kann. In jeder Examensfeier, in der die Vielfalt unserer Studierendenschaft schon in den Namen offenkundig wird, werden zahlreiche Individualfälle der Integration durch Bildung gewürdigt. Auch im Lehrkörper, in dem zahlreiche wissenschaftliche Mitarbeiterinnen und Mitarbeiter, Professorinnen und Professoren ausländischer Herkunft vertreten sind, spiegeln sich Migrantengeschichten besonderer Art wider. Die Fakultät mit ihren Menschen ist ein lebendiger Beweis dafür, dass der Prozess von Zuwanderung positive Kräfte entfalten kann, und die hier versammelten Aufsätze zeigen diese Möglichkeiten auch für andere Ebenen der Gesellschaft auf.

Migration und Bildung – Einführung

Heiner Barz

In Deutschland sind die Chancen von Kindern und Jugendlichen mit Migrationshintergrund auf den Erwerb von Kompetenzen und Bildungsabschlüssen im Vergleich zur übrigen gleichaltrigen Bevölkerung nach wie vor signifikant schlechter. Dies haben die verschiedenen Schulleistungsvergleichsuntersuchungen in den letzten Jahren insbesondere für die bundesrepublikanische Situation empirisch unzweifelhaft belegt.

Auch die Weiterbildungsbeteiligung von Ausländern und Personen mit Migrationshintergrund bleibt in der BRD trotz einer Verringerung des Abstandes noch immer hinter der deutschen bzw. deutschstämmigen Bevölkerung zurück. Dabei stellt die Partizipation an Bildung und auch an Weiterbildung eine ganz entscheidende Voraussetzung für eine gelingende Integration dar. Insofern müssen die bildungspolitischen Anstrengungen, die Bereitschaft zu lebenslangem Lernen zu fördern, gerade mit Blick auf Personen mit Migrationshintergrund verstärkt werden.

Der Handlungsbedarf wird umso deutlicher, wenn die Analyse auf die Arbeitsmarktintegration erweitert wird, denn: Die defizitäre Bildungsbeteiligung von Personen mit Migrationshintergrund bedeutet auch für die deutsche Volkswirtschaft erhebliche Kosten. Der gesellschaftliche Strukturwandel Deutschlands hin zu einer Wissens- und Dienstleistungsgesellschaft sowie der prognostizierte Arbeits- und Fachkräftemangel erfordert die Ausschöpfung aller Potenziale und Talente. Laut Bertelsmann-Stiftung (2007) entgehen der Bundesrepublik durch schlecht integrierte Migranten jährlich bis zu 16 Milliarden Euro, die Studie „Standortfaktor Bildungsintegration" der Unternehmensberatung Boston Consulting Group (2009) beziffert diesen Wert sogar auf 27 Milliarden Euro jährlich. Die Verursachung hoher Kosten spiegelt sich u. a. bei unbesetzten hochqualifizierten Stellen wider; demnach entsteht pro unbesetzter hochqualifizierter Stelle ein Wertschöpfungsverlust von 88.000 Euro pro Jahr.

Auch deshalb bleibt Integration durch Bildung ein vordringliches Ziel der Bildungs- und Sozialpolitik. In der Diskussion über die Ergebnisse der PISA- und IGLU-Studien sind auch Ansatzpunkte deutlich geworden, wie durch spezifische Fördermaßnahmen die Benachteiligung von Kindern mit Migrationshintergrund verringert werden kann. Einer der wichtigsten Faktoren, der allerdings bislang viel zu wenig aufgegriffen wurde, obwohl er in der Migrationsforschung längst dokumentiert ist, liegt in der Art und Weise, wie Eltern sich zur Bildungskarriere ihrer Kinder verhalten: Das Spektrum reicht von regelrechter Bildungsverhinderung (etwa durch die Weigerung der Schulpflicht überhaupt nachzukommen oder durch die Ablehnung höherer Schulbildung), über Gleichgültigkeit bis hin zu aktivem Engagement auf individuell-familiärer und sozial-korporativistischer Ebene (etwa durch Gründung von Kultur- und Elternvereinen oder durch Schulinitiativen). So wenig die entscheidende Rolle der Bildungsaspirationen und Bildungsressentiments auf Seiten der Eltern von Kindern mit Migrationshintergrund strittig ist, so sehr ist das Fehlen von grundlegenden Untersuchungen zur lebensweltlichen Verankerung von unterstützendem oder unterminierendem Bildungsdenken und -verhalten von Migranteneltern zu bedauern. Denn erst auf Basis dieses Wissens können Aufklärungs- und Beratungsangebote zielgruppenspezifisch entwickelt werden und in Empfehlungen zur Unterstützung der Familie als Lernort münden.

Die wissenschaftliche Beschäftigung mit den Themen „Gastarbeiterforschung", „Migration" und „Integration" bzw. „Ausländerpädagogik" und „Interkulturelles Lernen" hat seit den Anfängen in den 70er Jahren zu einer ausdifferenzierten Forschungslandschaft geführt. Die große, zunächst fast unübersehbare Zahl an Forschungsaktivitäten im Themenbereich „Migration und Bildung" lässt sich allerdings bei näherer Betrachtung einigen wenigen Paradigmen zuordnen. Im Vordergrund stehen dabei häufig Effekte der strukturellen Ursachen für Benachteiligung (hinsichtlich Einkommen, Bildung, Wohnraum etc.) sowie Integrationsbarrieren (fehlende Deutschkenntnisse, Fremdenfeindlichkeit etc.).

Vorherrschend ist eine nach wie vor stigmatisierende Defizitzuschreibung von Ausländern und Migranten als Problemgruppen; nur selten werden die Innenperspektive der Lebenswelten von Migranten und ihre spezifischen Ressourcen analysiert. Auch heute steuert der ethnische Defizitdiskurs immer noch die Wahrnehmung vieler Forscher. Neue Ansätze der Bildungsforschung betonen dagegen die Rolle eines an den demografischen Wandel und die Globalisierung angepassten Bildungssystems, das sich professionell einstellt auf die Vielfalt der Lernenden in Bezug auf ihre Biographien, Interessen und Bedürfnisse. Heterogenität sollte demzufolge nicht als Problem, sondern als alltäglich zu bearbeitende Aufgabe in einem optimierten Bildungssystem verstanden werden.

Neuere Ansätze in der empirischen Sozialforschung gehen einen Schritt weiter, indem Migration und kulturelle Vielfalt als Chance und Bereicherung für die Gesellschaft definiert werden. Dieser Perspektive folgend, wurde im Sommersemester 2010 vor dem Hintergrund eines intensiven Diskussionszusammenhangs zwischen dem damaligen nordrhein-westfälischen Ministerium für Generationen, Frauen, Familie und Integration und der Abteilung für Bildungsforschung und Bildungsmanagement die kleine Vortragsreihe der IIK-Abendakademie konzipiert, die im vorliegenden Büchlein dokumentiert ist. Dank gebührt dabei zunächst der Heinrich-Heine-Universität, in deren Räumlichkeiten die Podiumsdiskussion stattfinden konnte, insbesondere dem Rektor, Prof. Dr. Dr. H. Michael Piper, und dem damaligen Dekan der Philosophischen Fakultät, Prof. Dr. Hans T. Siepe, die als Hausherren die Veranstaltung ermöglicht und Minister Armin Laschet freundlich empfangen haben. Im Ministerium waren insbesondere Georg Oberkötter, Jan Motte, Dr. Bernhard Santel, Dr. Bernhard Skrodzki, Dr. Christof Eichert und Dr. Markus Warnke an der Umsetzung der Vorlesungsreihe beteiligt, denen ich an dieser Stelle herzlich für die konstruktive Zusammenarbeit Dank sagen möchte. Herr Dr. Eichert, inzwischen Vorstand der Herbert Quandt-Stiftung, hat außerdem im Anschluss an den Vortrag von Minister Laschet die Podiumsdiskussion mit HHU-Absolventen mit Migrationshintergrund moderiert, in der deren erfolgreiche Bildungskarrieren exemplarisch beleuchtet wurden. Den ökonomischen Grundstock für derartige Projekte legt nicht zuletzt die jahrelange erfolgreiche Arbeit der Mitarbeiterinnen und Mitarbeiter des Instituts für Internationale Kommunikation in Zusammenarbeit mit der Heinrich-Heine-Universität Düsseldorf e. V. (IIK) mit Geschäftsführer Dr. Matthias Jung an der Spitze. Ihnen allen sei herzlich gedankt. Ebenso dem Team der Abteilung für Bildungsforschung und Bildungsmanagement, das die Reihe nach Kräften unterstützt hat; hervorheben möchte ich insbesondere meine unermüdliche Sekretärin Irmgard Hestermann und das umsichtige Redaktionsteam Britta Engling und Irina Klumbies, ohne die das vorliegende Bändchen kaum zustande gekommen wäre.

Die Beiträge sind jeweils auf einen besonderen Aspekt im Kontext „Migration und Bildung" bezogen: Als erster Integrationsminister der Bundesrepublik skizziert Armin Laschet, wie es Deutschland gelingen kann, auch für Menschen mit Zuwanderungsgeschichte zu einer Republik der Aufsteiger zu werden – und damit allen neue Chancen zu ermöglichen. Laschet wirbt für eine gesamtgesellschaftliche Vision: Deutschland braucht eine neue Mentalität, die jedem unabhängig von seiner Herkunft gesellschaftlichen Aufstieg ermöglicht.

Erst seit Kurzem liegt als Ergänzung der bekannten Sinus-Milieus eine auf die Bevölkerungsgruppen mit Migrationshintergrund zugeschnittene Milieutypologie vor. Auch für den Bildungsbereich dürfen von diesem Modell fruchtbare Impulse erwartet werden. Meral Cerci gibt einen empirisch fundierten Einblick in die Lebenswelten von MigrantInnen. Dabei werden Lebensstile, Alltagsästhetik und Wertorientierungen ebenso thematisiert wie die spezifischen Geschlechterrollen in Migrantenmilieus.

Kinder und Jugendliche aus islamisch geprägten Ländern gehören meist zu den Verlierern im deutschen Schulsystem. Die Bildungsbarrieren sind vielschichtig. Deshalb gelingt auch ihre gesellschaftliche Integration durchweg nur unzureichend. Klaus Spenlen berichtet über Problemkonstellationen und Lösungsvorschläge sowie über den Stand der Diskussion zu einschlägigen Konzepten wie Islamkunde, islamischer Religionsunterricht und muttersprachlichem Unterricht.

In den 60er Jahren galt „die katholische Arbeitertochter vom Lande" als Inbegriff der Bildungsbenachteiligung. Inzwischen haben Mädchen im Bildungssystem deutlich aufgeholt, ja die Jungen sogar überholt. Heute wird immer öfter beklagt, dass das Bildungssystem, dass eine feminisierte Pädagogik, für die Bedürfnisse und Stärken von Jungen immer weniger Raum biete. Der „Junge mit Migrationshintergrund aus einem sozialen Brennpunkt" als neuer Idealtypus des Bildungsverlierers? Marc Thielen präzisiert und relativiert anhand von Forschungsergebnissen diese aktuelle Debatte.

Nur langsam holen Menschen mit Zuwanderungsgeschichte auch in Sachen Weiterbildung auf. Gerade Angeboten der Familien- und Elternbildung kommt eine wichtige Scharnierfunktion für den Bildungserfolg der Einwandererkinder zu, weil damit kulturbedingte Bildungsbarrieren überwunden werden können. Heiner Barz skizziert die Grundidee tragfähiger Konzepte für zielgruppenoptimierte Strategien in der Weiterbildungspraxis.

Die Aufsteigerrepublik. Zuwanderung als Chance

Armin Laschet

Der Titel der Vorlesungsreihe „Migration und Bildung" greift zwei Themen auf, die von großer Bedeutung für die Zukunftsfähigkeit unsere Gesellschaft sind. Es ist schon erstaunlich: Nach Jahrzehnten, in denen – jedenfalls in Deutschland – die Tatsache der Einwanderung gar nicht richtig zur Kenntnis genommen wurde, haben wir uns nun daran gemacht, das Versäumte nachzuholen. Mit deutscher Gründlichkeit sogar – und dieses „Nachholen" gilt für die Politik sicher noch viel stärker als für die Wissenschaft. Sie sind ja auch in unterschiedlichen Rollen. Und doch darf politische Praxis und wissenschaftliche Erkenntnis nicht als ein Gegensatz begriffen werden. Sicher, Politik ist keine Wissenschaft, sie ist Ausgleich von Interessen, es gibt keinen wissenschaftlich exakten Landes- oder Bundeshaushalt.

Aber Politik muss zur Kenntnis nehmen, was Wissenschaft feststellt. Nur so hat sie eine Basis, auf der sie sicher arbeiten kann. Aber dann muss Politik natürlich handeln, sie muss Wirklichkeit verändern. Und in der Frage der Integration ist der Handlungsbedarf enorm.

Wir haben hier deshalb so viel versäumt, weil die einen gedacht haben, Integration ergibt sich wie von selbst, wie ein Multikulti-Straßenfest. Und die anderen haben sich den schönen Grundsatz zu eigen gemacht: Was ich nicht sehen will, das gibt es auch nicht. Deutschland ist kein Einwanderungsland, hieß es da. Auch als die Zahl der Zugewanderten schon in die Millionen ging. Als sie sogar ihre Familien nachholten. Durch beide Haltungen haben wir viel wertvolle Zeit verloren. Nun müssen wir neuen Schwung nehmen. Wie das gelingen kann, darüber will ich heute sprechen.

Ich bin überzeugt davon, dass wir diesen Schwung nur finden, wenn wir die Frage der Integration mit der Perspektive auf Aufstieg verknüpfen.

Aufstieg als Zufall?

An einem Beispiel aus meinem Buch „Die Aufsteigerrepublik. Zuwanderung als Chance"[1] möchte ich das verdeutlichen: Anhand des Werdegangs von Hatice Akyün schildere ich darin eine erfolgreiche Aufsteigergeschichte.

Die Schriftstellerin Hatice Akyün kam 1969 in der Türkei zur Welt und wuchs ab ihrem dritten Lebensjahr als Tochter eines Bergmannes in einer Bergarbeitersiedlung in Duisburg auf. Ihr Bildungsaufstieg mündete nach der mittleren Reife, einer Ausbildung in der städtischen Verwaltung, dem nachgeholten Abitur und einem Studium an der Heinrich-Heine-Universität in Düsseldorf, in der Tätigkeit als „Spiegel"-Journalistin und erfolgreiche Buchautorin. Wahrlich ein Aufstieg. Sie hat ihn geschafft, weil sie unterstützt wurde und weil sie ihn sich selbst erkämpft hat. Unterstützt z. B. von ihrer Grundschullehrerin und ihrem Vorbild Brigitte Kruse, die an sie glaubte und sie nach Kräften förderte. Erkämpft, in dem sie z. B. dafür sorgte, dass der Bücherbus der Stadtbücherei nicht in der nächsten oder übernächsten Seitenstraße hielt, sondern direkt in ihrer Straße, bei ihr vor der Tür. Mit viel Energie und Cleverness verschaffte sie sich selbst den Zugang zu den Büchern. Ein entscheidender Schritt auf dem Weg zu Bildung und Sprache und damit auch zu ihrem persönlichen Aufstieg war getan. So schön diese Geschichte auch ist: Ihr Aufstieg basierte letztendlich auf einem glücklichen Zufall. Und darauf allein können wir uns nicht verlassen.

Der im letzten Jahr erschienene Band „jung, erfolgreich, türkisch" versammelt viele erfolgreiche Biografien von Menschen mit Zuwanderungsgeschichte. Sie sind oft ebenso durch glückliche Zufälle und hilfreiche Schutzengel vorangekommen. Bildungs-, Lebens- und Aufstiegsgeschichten erhalten in diesem Band ein Gesicht. Das ist deshalb wichtig, weil unsere Gesellschaft in Zukunft stärker über erfolgreiche Integrationsbeispiele reden muss. Wir brauchen mehr Vorbilder, an denen sich Menschen mit Zuwanderungsgeschichte orientieren können und die sie motivieren.

Tatsache ist aber: Kinder und Jugendliche mit Zuwanderungsgeschichte gehören statistisch gesehen leider viel zu häufig zu den Bildungsverlierern. Das hat gerade gestern noch einmal eine Studie deutlich gemacht, die vom Bundes-

---

[1] Laschet (2009).

amt für Migration und Flüchtlinge vorgelegt wurde. Vor allem die Gruppe der Menschen mit Wurzeln in der Türkei ist weniger integriert als die der meisten anderen Länder. Das ist allerdings kein neuer Befund und er schwächt unsere Gesellschaft in ihrem Kern. Integration und Bildung sind nämlich keine „weichen" Faktoren. Sie sind – zusätzlich zu den erweiterten Lebenschancen des Einzelnen – auch harte volkswirtschaftliche Güter und ein Kosten- bzw. Ertragsfaktor für unsere Gesellschaft.

Professor Klaus J. Bade, Migrationsforscher und Vorsitzender des Sachverständigenrates deutscher Stiftungen für Integration und Migration, ist der Meinung, dass heute ein integrationspolitischer Konsens erreicht worden ist, der von der Einsicht geprägt ist, dass „die sozialen Folgekosten unzureichender Integration bei weitem höher sind als die Kosten rechtzeitig gewährter Integrationshilfen". Für Bade ist die Benachteiligung der Zuwandererbevölkerung in puncto Bildung, Ausbildung und beruflicher Qualifikation bzw. Weiterqualifikation das zentrale Integrationsproblem. Dieses Problem bildet seiner Meinung nach die Grundlage für eine oft unverschuldete, aber lebenslang wirkende Benachteiligung, aus der sich zahlreiche Anschlussprobleme ergeben. Am Ende dieser „Kette" steht für Bade die Schwächung der Wirtschaft und der Sozialsysteme.

Eine Studie der Bertelsmann-Stiftung von Januar 2008 über die „Gesellschaftlichen Kosten unzureichender Integration von Zuwanderinnen und Zuwanderern in Deutschland" bestätigt solche Warnungen: Bezogen auf die Bevölkerung mit Migrationshintergrund im erwerbsfähigen Alter ergibt sich eine jährliche Gesamtsumme an Folgekosten unzureichender Integration in Höhe von rund 16 Milliarden Euro. 16 Milliarden Euro jährlich! 16 Milliarden Euro, die Bund, Ländern, Kommunen und Sozialversicherungen jedes Jahr an Kosten entstehen. Jedes Jahr 16 Milliarden Euro, die an anderer Stelle dringend benötigt würden. Diese Kosten entstehen, weil die Arbeitsmarktbeteiligung der Menschen mit Zuwanderungsgeschichte quantitativ und qualitativ geringer ist – Folge ihrer unzureichenden Integration in Bezug auf Sprache, Bildung und soziales Engagement.

Wir können uns diese Kosten der Nicht-Integration auch deshalb kaum noch leisten, weil wir inmitten eines demografischen Wandels stehen, der sich mit den Begriffen „Weniger, Älter und Bunter" umschreiben lassen:

- *Weniger:* Heute leben in Nordrhein-Westfalen ca. 17,9 Mio. Menschen. Für das Jahr 2050 erwarten die Experten, dass es dann noch rund 16,2 Millionen Menschen sein werden – also fast zwei Millionen weniger als heute[2]. Dieser Rückgang entspricht zusammenaddiert in etwa der derzeitigen Einwohnerzahl von Bonn, Düsseldorf und Köln zusammen.
- *Älter:* Auch in den wenigen Städten, die noch wachsen, in Düsseldorf z. B., wird die Bevölkerung im Schnitt älter. Rund 25 Prozent der Bevölkerung in Düsseldorf sind bereits heute 60 Jahre und älter, Tendenz steigend. Die Lebenserwartung wird sich in den kommenden Jahrzehnten weiter erhöhen. Wenn sich der zu beobachtende Trend fortsetzt, wird die durchschnittliche Lebenserwartung im Jahr 2050 hierzulande bei über 90 Jahren liegen.
- Und schließlich – als Folge von Zuwanderung – wird unsere Gesellschaft eben auch *bunter:* Rund ein Viertel aller Einwohner in Nordrhein-Westfalen hat bereits heute Wurzeln in anderen Ländern und Kulturen. Es ist zu erwarten, dass in den großen Städten bereits in naher Zukunft annähernd die Hälfte der Menschen eine Zuwanderungsgeschichte haben wird.

Angesichts dieser Situation brauchen wir heute Antworten und Konzepte für zahlreiche und tiefgreifende Herausforderungen. Eine Antwort muss sein, dass wir die Perspektive „Aufstieg" wieder zu einem Leitmotiv unserer gesamten Gesellschaft machen müssen.

Die Aufsteigerrepublik

Genauer gesagt: Deutschland muss wieder Aufsteigerrepublik werden und sich seiner Erfolgsgeschichte erinnern, die bereits nach 1945 zweimal durch das Zusammenspiel von „Integration" und „Aufstieg" geprägt worden ist. Wir müssen diese Erfolgsgeschichte der zweiten Hälfte des 20. Jahrhunderts auf die veränderten Verhältnisse des begonnenen 21. Jahrhunderts neu übertragen. Nach 1945 kamen etwa zwölf Millionen Flüchtlinge und Vertriebene in die drei westlichen Besatzungszonen und die spätere Bundesrepublik. Ihre Opfer und Verluste – materielle wie ideelle – überstiegen die der westdeutschen Bevölkerung. Die Not

---

[2] Vgl. Statistisches Bundesamt, Ergebnisse der 11. koordinierten Bevölkerungsvorausberechnung nach Bundesländern aus dem Jahr 2007

war groß: Vom viel zu knappen und zugewiesenen Wohnraum, über fehlende Kleidung bis hin zu getrennten Familien. Durch eine gesamtgesellschaftliche Solidaritätsanstrengung gelang es, die Vertriebenen und ihre Kinder in die bundesdeutsche Gesellschaft zu integrieren und ihnen Möglichkeiten für individuellen Aufstieg zu eröffnen. Instrumente wie das „Lastenausgleichsgesetz" (1952) und das „Bundesvertriebenengesetz" (1953) waren Anfang der 1950er Jahre auch staatliche „Förderinstrumente". Das bereits im ersten Kabinett Adenauer 1949 verankerte „Bundesministerium für Angelegenheiten der Vertriebenen" unter Leitung des Schlesiers Hans Lukaschek war Lobby und politisches Gestaltungsinstrument gleichermaßen. Diese Förderinstrumente fanden in der hohen Lern- und Leistungsmotivation der Vertriebenen und ihrem überwiegenden Aufstiegswillen ihre individuelle Entsprechung. Diesen Prozess der Vertriebenenintegration nenne ich die Erste Deutsche Einheit.

Seit dem Fall der Mauer und der Wiedervereinigung im Jahr 1990 erbringt die deutsche Gesellschaft bis heute erneut eine große solidarische Leistung. Diese Einheit aus Ost und West nenne ich die Zweite Deutsche Einheit. Sie ist längst noch nicht abgeschlossen und bleibt auch in Zukunft eine wichtige gesamtgesellschaftliche Aufgabe.

Die aktuelle große Herausforderung, vor der unsere Gesellschaft steht, ist die Integration und der Aufstieg von Menschen mit Zuwanderungsgeschichte. Vor dem Hintergrund des demografischen Wandels und der Tatsache, dass Deutschland ein Einwanderungsland ist, können wir es uns nicht länger leisten, diese Aufgaben „liegen" zu lassen. In 20 Jahren werden die heutigen Zuwandererkinder maßgeblich dieses Land tragen und voranbringen müssen. Die meisten jungen Menschen mit Zuwanderungsgeschichte wollen das auch, doch noch passen das Wollen und Können individuell und gesellschaftlich zu oft nicht zusammen. Wir stehen darum vor der Herausforderung einer Dritten Deutschen Einheit. Nach der Integration und der positiven sozialen Mobilität von Vertriebenen und Ostdeutschen müssen nun die Menschen mit Zuwanderungsgeschichte zu echten Teilhabern an dieser Gesellschaft gemacht werden.

Es ist uns in der Vergangenheit weit besser gelungen, die Potenziale aller Menschen zu nutzen und einzubeziehen. Die Bundesrepublik war in ihrer Geschichte bereits einmal „Aufsteigerrepublik". In den späten 1970er und 1980er Jahren aber – darüber informieren uns beispielsweise die Arbeiten des Historikers Paul Nolte oder des Soziologen Stefan Hradil – verlor die Aufsteigergesellschaft in Deutschland deutlich an Dynamik. Gesellschaftliche Positionen waren zunehmend besetzt, der Club of Rome schrieb über die Grenzen des Wachstums, es gab Ölpreis-Schocks und Sonntags-Fahrverbote. Aber auch das Bildungssystem – ungeachtet aller Expansion – beflügelte viele nicht mehr. In Zeiten angespannter Arbeitsmärkte zeigte es vielmehr eine ganz andere Facette: Dass es auch eine gewaltige, gesellschaftliche Sortiermaschine, eine Aussortier-Maschine sein konnte. Und es sortierte vor allem diejenigen heraus, die als Kinder der Einwanderer von vornehrein schlechte Chancen auf Bildungserfolg hatten.

Im Herbst letzten Jahres jährte sich die Veröffentlichung des so genannten „Kühn-Memorandums". Heinz Kühn, ehemaliger Ministerpräsident von Nordrhein-Westfalen, war der erste Ausländerbeauftragte der Bundesrepublik. In seinem Bericht „Stand und Weiterentwicklung der Integration der ausländischen Arbeitnehmer und ihrer Familien in der Bundesrepublik Deutschland" schrieb er vor dreißig Jahren glasklar: „Insgesamt wird deutlich, dass unter den derzeitigen Gegebenheiten der größere Teil der ausländischen Jugendlichen auf dem Arbeitsmarkt für eine qualifizierte und mit Aufstiegserwartungen verbundene Tätigkeit nahezu ohne Chance ist." Das war 1979. Über dreißig Jahre später sind wir von dieser niederschmetternden Diagnose immer noch nicht weit genug entfernt! Auch heute, für die Kinder und Enkel der ersten Zuwanderer-Generation, sind die Chancen auf Aufstieg in aller Regel schlecht.

Aufstiegsleitern in Nordrhein-Westfalen

Lassen Sie mich an einem Beispiel verdeutlichen, welche „Aufstiegsleitern" wir in Nordrhein-Westfalen bauen, damit endlich alle Menschen eine Aufstiegschance haben.

In Nordrhein-Westfalen haben mittlerweile rund 38 Prozent der Kinder im Alter bis zu sechs Jahren eine eigene oder familiäre Zuwanderungsgeschichte. In Ballungsräumen wie dem Ruhrgebiet oder in Köln sind es fast 50 Prozent. Von den 14.300 Schülerinnen und Schülern, die 2008 in Nordrhein-Westfalen ohne Hauptschulabschluss abgingen, hatten knapp 30 Prozent eine Zuwanderungsgeschichte. Demgegenüber hatten von den 63.000 Abiturienten nur rund sieben Prozent eine Zuwanderungsgeschichte! Und hinzu kommt ein Weiteres: Die Quote der Jungen mit türkischer oder italienischer Zuwanderungsgeschichte, die ohne Abschluss die Schule verlassen, ist in Nordrhein-Westfalen deutlich höher als bei den Mädchen.

Um überhaupt eine Chance zu bekommen, Bildungsangebote nutzen zu können, brauchen gerade Kinder mit Zuwanderungsgeschichte darum sehr früh Sprachförderung. Auf Sprache als Schlüssel für Bildung und gesellschaftlichen Aufstieg hat man erst seit den letzten wenigen Jahren intensiver gesetzt. Vor zehn Jahren wurde das sogar noch als „Zwangsgermanisierung" diffamiert. Heute ist es zum Glück gesellschaftlicher Konsens, dass jedes Kind, das in die Schule kommt, die deutsche Sprache verstehen und sprechen können muss.

Wir haben bei uns in Nordrhein-Westfalen verpflichtende Sprachtests mit vier Jahren eingeführt. Sie sind nun im Schulgesetz verankert als vorgezogene Schuleingangsuntersuchung. Falls erforderlich – 23 Prozent der Vierjährigen haben Sprachförderbedarf (2008) – folgt danach in den zwei Jahren bis zur Einschulung eine zusätzliche Förderung von zweihundert Stunden pro Jahr. Damit erhalten in diesem Kindergartenjahr Zehntausende von Kindern im Alter von vier und fünf Jahren eine Sprachförderung, mehr als jemals zuvor – und mit mehr finanziellen Mitteln als jemals zuvor.

Doch das reicht insgesamt natürlich noch nicht: Nötig ist darum ein ganzes Bündel von Maßnahmen und Zugängen. Die grundlegende Sprachförderung für die Kleinsten ist die notwendige, gemeinsame Basis für alle, die heute und künftig die Bildungserfolge in der Regelschule für alle sichern und verbessern soll. Wir müssen die Abschlussquoten erhöhen, schulische Übergänge erleichtern und auch mehr als nur einmal Chancen einräumen. In allen Bereichen, nicht nur in Schule oder Hochschule. Wenn der Präsident des Zentralverbandes des Deutschen Handwerks zu Beginn des letzten Jahres sagt: „Der Meister der Zukunft ist Türke", dann zeigt das genau den richtigen Weg. Wir brauchen eine Vielfalt an Aufstiegsmöglichkeiten. Es wäre für unsere Gesellschaft fatal, wenn Aufstieg nur über das „Nadelöhr" Gymnasium möglich wäre.

Es ist deshalb wichtig, dass durch die Öffnung der Hochschulen in zahlreichen Bundesländern der Aufstieg auch ohne Abitur weiter fortgesetzt wird. Dass Universitäten heute nicht mehr allein durch das Portal der „Allgemeinen Hochschulreife" betreten werden können. Die Hochschulen öffnen sich gegenüber berufserfahrenen und beruflich erfolgreichen Menschen, beispielsweise durch das Meisterstudium. Wir brauchen eine breite Palette von Initiativen und Projekten, die ihren Beitrag zu einer Aufstiegspolitik leisten können. Ich denke etwa an das Engagement von Bildungspaten, Elternnetzwerke und Mentoren. Diese Ansätze müssen wir stärken, genauso aber auch die ökonomische Basis, die Bildungsteilhabe erst ermöglicht. Stichworte sind hier das „Bildungssparen" oder auch das „Zukunftskonto". Und natürlich müssen wir auch endlich ernst mit der alten Forderung machen, dass mehr Menschen mit Zuwanderungsgeschichte als Lehrerinnen und Lehrer eingestellt werden und sicher auch, dass noch mehr den Weg in die Politik finden. Mit Aygül Özkan wird in Niedersachsen nun erstmals eine Frau mit Zuwanderungsgeschichte Ministerin in einem deutschen Bundesland. Das ist ein wichtiges Zeichen.

Und lassen Sie mich einen letzten Punkt ansprechen, den wir für mehr „Aufstieg" brauchen. Wir müssen für diejenigen, die neu zu uns kommen, eine viel ausgeprägtere Willkommenskultur schaffen. In den Kommunen, aber auch im Land. Ein Beispiel für das, was ich meine: Vor ziemlich genau einem Jahr haben wir bei uns im Ministerium die ersten Flüchtlinge aus dem Irak, zumeist Christen begrüßt, die bei uns eine neue Heimat suchten. Neben Düsseldorf waren damals auch die Städte Aachen, Köln, Bonn, Mönchengladbach und Essen dabei. Dieser Empfang war ein starkes Signal für eine Kultur des Willkommens gegenüber Flüchtlingen, eine Kultur, die es im Land und in den Kommunen so bislang nicht gegeben hat.

Derzeit umfasst die Gruppe dieser Flüchtlinge etwa 530 Personen, und auch hier ist die Zusammenarbeit mit Forschung und Wissenschaft unabdingbar. Zusammen mit Herrn Professor Barz und IT.NRW arbeitet mein Haus gerade an den genauen Fragestellungen und Methoden, die uns Auskunft über die gelungene Integration bei den Irakern geben können. Genaue Fragestellungen, die über die Untersuchung zu Antworten führen sollen. Antworten, die dann ganz praktisch und nah bei den Menschen zu politischen Initiativen und Aktivitäten führen werden und so ihren Beitrag zur Verbesserung der Lebenssituation und der Aufstiegschancen der Menschen leisten.

Aus meiner Sicht ist das Erfolgsrezept von 60 Jahren Bundesrepublik, die wir im letzten Jahr gefeiert haben, eindeutig: Unser Land war von Anfang an Aufsteigerrepublik. Die Integration von rund zwölf Millionen Heimatvertriebenen, Zusammenhalt der Gesellschaft, individueller Erfolg und die Einheit von Ost und West, das waren und sind zentrale Kennzeichen.

Wenn wir diese Tugenden wieder neu entdecken und neu für die Zukunft übersetzen, werden sie wieder die Erfolgsgarantie dafür sein, dass wir eine neue Blüte des Aufstiegs erleben – und mehr Menschen als bisher davon profitieren können. Wir alle müssen gemeinsam erneut diesen Willen entdecken, um unser Land zu einem Land der neuen Chancen zu machen. Wir müssen unsere Entschlossenheit stärken, für mehr Menschen neue hilfreiche Leitern zur Verfügung zu stellen. Nicht nur durch den Staat, sondern auch durch Wirtschaft, Wissenschaft und andere Institutionen.

Erlauben Sie mir als Fußballfan noch eine Bemerkung zum Schluss: Über „Aufstieg" kann man ja von der Düsseldorfer Fortuna einiges lernen. Gerade erst in die 2. Bundesliga aufgestiegen, noch kein Heimspiel verloren – und nun sogar mit der Chance, das Unmögliche möglich zu machen und in die 1. Liga aufzusteigen. Ich würde Düsseldorf das gönnen, aber füge hinzu: Nächstes Jahr ist Alemannia Aachen dran.

Literatur

Laschet, Armin (2009): Die Aufsteigerrepublik. Zuwanderung als Chance. Köln: Kiepenheuer & Witsch.

Lebenswelten und Milieus
der Menschen mit Migrationshintergrund

Meral Cerci

Menschen mit Migrationshintergrund: Dieser etwas sperrige, nach deutscher Verwaltungssprache klingende Begriff steht für eine faszinierende kulturelle Vielfalt und eine stetig wachsende Bevölkerungsgruppe in Deutschland. Schon heute hat knapp ein Fünftel der Einwohner des Landes einen Migrationshintergrund[1] und der Anteil wird zukünftig weiter steigen. Bei den Kindern, Jugendlichen und jungen Erwachsenen bis 25 Jahren liegt der Anteil der Migranten bei 29 Prozent, bei den unter Sechsjährigen stellen Personen mit Migrationshintergrund bereits ein Drittel der Bevölkerung[2]. In den Ballungszentren, z. B. in der Stadt Köln haben schon heute mehr als die Hälfte der Kinder dieser Altersklasse einen Migrationshintergrund[3].

Der Begriff „Menschen mit Migrationshintergrund" suggeriert, dass es sich bei diesem Personenkreis um eine homogene Bevölkerungsgruppe handelt. Zudem werden Migranten in den Medien und im politischen Integrationsdiskurs allzu oft pauschalierend als einheitliche Gruppe dargestellt. Die dadurch entstehenden starren Zuordnungen wie „Wir" und die „Anderen", das „Eigene" und das „Fremde" vereinfachen, grenzen ab und verhindern den notwendigen differenzierten Blick auf die vielfältigen, dynamischen und komplexen Lebenswelten der Menschen mit Migrationshintergrund[4].

Zudem befasst sich die Berichterstattung in den Medien meist mit den Problemlagen der Migrantinnen und Migranten und richtet den Blick dabei vor-

---

[1] Der Mikrozensus 2005 legt erstmals für Deutschland repräsentative Daten vor, mit denen neben der Staatsangehörigkeit („Ausländerkonzept") auch systematisch Angaben zum Migrationshintergrund (Staatsangehörigkeit, Geburtsort, Staatsangehörigkeit der Eltern und Geburtsort der Eltern) verfügbar sind.

[2] Vgl. Statistisches Bundesamt (2010).

[3] Vgl. Statistisches Jahrbuch der Stadt Köln (2010).

[4] Vgl. Trojanow (2008).

nehmlich auf die Defizite, z. B. hohe Arbeitslosenquote, Kriminalität, Zwangs-ehen etc.

Perspektivwechsel: Kulturelle Vielfalt als Chance

Die Migrationsforschung in Deutschland hat sich ebenfalls lange Zeit einer De-fizitperspektive bedient. Im Vordergrund standen dabei häufig strukturelle Ur-sachen für Benachteiligung (hinsichtlich Einkommen, Bildung, Wohnraum etc.) sowie vermeintliche Integrationsbarrieren (fehlende Deutschkenntnisse, Wert-orientierungen, Fremdenfeindlichkeit etc.). Auch heute steuert der ethnische De-fizitdiskurs immer noch die Wahrnehmung vieler Forscher. Individuelle Ent-wicklungen und Krisen von Migranten nicht nur der ersten, sondern auch der zweiten Generation werden zum Zweck eines besseren „Verstehens" auf den ge-schlossenen kulturellen Kontext der „Herkunftsgesellschaft" zurückgeführt"[5].

Neuere Ansätze in der empirischen Sozialforschung[6] gehen einen Schritt wei-ter, indem Migration und kulturelle Vielfalt als Chance und Bereicherung für die Gesellschaft definiert werden. Diese Perspektive geht u. a. auf den US-ame-rikanischen Ökonomen Richard Florida (2002) zurück, der den wirtschaftlichen Einfluss kultureller Vielfalt auf eine Region untersucht hat. Florida definiert das Erfolgsrezept für wirtschaftliches Wachstum mit der Formel „TTT": Technologie, Talent, Toleranz. Der „Toleranz" kommt in Floridas Konzept eine Schlüsselrolle zu. Diese wird differenziert in vier Kategorien:

- Melting-Pot-Index: Anteil der im Ausland geborenen Personen an der Be-völkerung.
- Gay-Index: Anteil Homosexueller an der Gesamtbevölkerung der Stadt bzw. Region – hier kann er eine hohe Korrelation mit Kreativität und Wachstum nachweisen.
- Bohemian-Index: Anteil von Künstlerinnen und Künstlern.
- Composite-Diversity-Index (Toleranzindex): Verbindung von Melting-Pot-, Bohemian- und Gay-Index.

Je höher in einer Region der Index-Wert liegt, desto mehr Potenzial hat diese für wirtschaftliches Wachstum. Die Agentur *agiplan* hat 2010 eine Untersuchung

---

[5] Vgl. Yildiz (2009).

[6] Vgl. Wippermann/Flaig (2009).

zur Kreativen Klasse in Deutschland in Anlehnung an die Methodik von Richard Florida durchgeführt (Abb. 1). Nach dieser Untersuchung liegt die Stadt Berlin mit einem Toleranzindex von 8,35 auf Platz 1 der kreisfreien Städte und zeigt sich somit besonders offen und tolerant und damit attraktiv für die Kreative Klasse (Kultur- und Kreativwirtschaft). Dieses hohe Toleranzniveau wird als bedeutender Wettbewerbsvorteil eingeschätzt.

Rang mit Gay Index (o. Land- kreise)	Rang ohne Gay Index (o. Land- kreise)		Bohemian-Index	Integrations-Index		Gay Index	Toleranz-index
			gewichtet mit 1/3	Index Wähler-anteil rechts-extremer Parteien gewichtet mit 1/6	Index Ausländer-anteil gewichtet mit 1/6	gewichtet mit 1/3	
1	1	Berlin, Stadt	6,41	-0,11	0,41	1,12	8,35
2	3	Köln, Stadt	4,03	0,53	0,82	2,60	7,94
3	2	München, Landeshauptstadt	3,27	1,05	1,75	1,62	6,85
4	4	Hamburg, Freie und Hansestadt	3,36	1,86	0,45	0,51	5,47
5	5	Freiburg im Breisgau, Stadt	2,92	1,05	0,45	0,95	5,02
6	15	Frankfurt am Main, Stadt	0,76	0,00	1,40	2,82	4,66
7	7	Münster, Stadt	1,05	3,45	-0,58	1,17	3,98
8	12	Stuttgart, Landeshauptstadt	0,97	-0,67	1,70	1,96	3,75
9	10	Düsseldorf, Stadt	1,40	-0,09	0,97	1,39	3,52
10	8	Heidelberg, Stadt	0,98	1,31	0,83	1,10	3,43

Abb. 1: Toleranzindex/Top 10 der kreisfreien Städte   Quelle: Agiplan 2010

Auch die Bundesregierung und die deutsche Wirtschaft haben die Potenziale und Chancen von Zuwanderung erkannt. Zur Förderung von Vielfalt in Unternehmen und öffentlichen Einrichtungen wurde 2006 die „Charta der Vielfalt" von Daimler, der Deutschen BP, der Deutschen Bank und der Deutschen Telekom ins Leben gerufen. Mehr als 1.000 Unternehmen und öffentliche Einrichtungen sind ihr bereits beigetreten.[7]

---

[7] Vgl. http://www.vielfalt-als-chance.de (18.08.2011).

Das Milieu-Konzept

Milieu- und Lebensstilanalysen, wie sie seit den achtziger Jahren für die bundesdeutsche Gesellschaft entwickelt wurden, existieren für die verschiedenen Migrantengruppen, die auf Dauer ihren Lebensmittelpunkt in Deutschland gefunden haben, erst seit wenigen Jahren[8]. Im Zeitraum von 2006 bis 2008 führte Sinus, Heidelberg, eine qualitative ethnographische Leitstudie sowie eine Quantifizierung auf repräsentativer Basis zu den Lebenswelten von Menschen mit Migrationshintergrund in Deutschland durch. Im Jahr 2008 wurden zum ersten Mal die Lebenswelten und Lebensstile der Menschen mit unterschiedlichem Migrationshintergrund, so wie sie sich durch das Leben in Deutschland entwickelt haben, mit dem gesellschaftlichen Ansatz der Sinus-Milieus repräsentativ untersucht[9]. Milieus fassen Menschen zusammen, die sich in Lebensauffassung und Lebensweise ähneln (Grundorientierung, Werte, Lebensstil, soziale Lage). Ziel war ein möglichst unverfälschtes Kennenlernen und Verstehen der Alltagswelt von Migrantinnen und Migranten, ihrer Wertorientierungen, Lebensziele, Wünsche und Zukunftserwartungen. Darüber hinaus sollten die Milieus der Menschen mit Migrationshintergrund identifiziert werden.

Im Rahmen der Studie wurden insgesamt 2.072 Personen mit Migrationshintergrund in Deutschland interviewt.[10] Die Durchführung erfolgte im Sommer 2008. Die Fragebögen lagen in acht Sprachen vor: Deutsch, Russisch, Türkisch, Polnisch, Englisch, Spanisch, Italienisch und Serbokroatisch.

In der modernen Milieutheorie prägen drei Hauptdimensionen ein Milieu: Wertorientierung, Lebensstil und soziale Lage. Die Grenzen zwischen den Milieus sind fließend; Lebenswelten sind nicht so (scheinbar) exakt abgrenzbar wie soziale Schichten.[11] Ein grundlegender Bestandteil des Milieu-Konzeptes ist, dass es zwischen den Milieus Berührungspunkte und Übergänge gibt. Diese Überlappungspotenziale sowie die Position der Migranten-Milieus in der Gesellschaft veranschaulicht Abbildung 2. Je höher ein Milieu in dieser Grafik angesiedelt ist,

---

[8] Vgl. Wippermann/Flaig (2009).

[9] Vgl. Flaig/Wippermann (2008).

[10] Die Interviews wurden als sogenannte „face-to-face"-Interviews persönlich und mündlich durchgeführt.

[11] Zur Abgrenzung des Milieu-Ansatzes zum Schichtmodell vgl. Geißler ([5]2008).

desto gehobener sind Bildung, Einkommen und Berufsgruppe; je weiter es rechts positioniert ist, desto moderner ist die Grundorientierung.[12]

Sinus-Migranten-Milieus® in Deutschland 2008

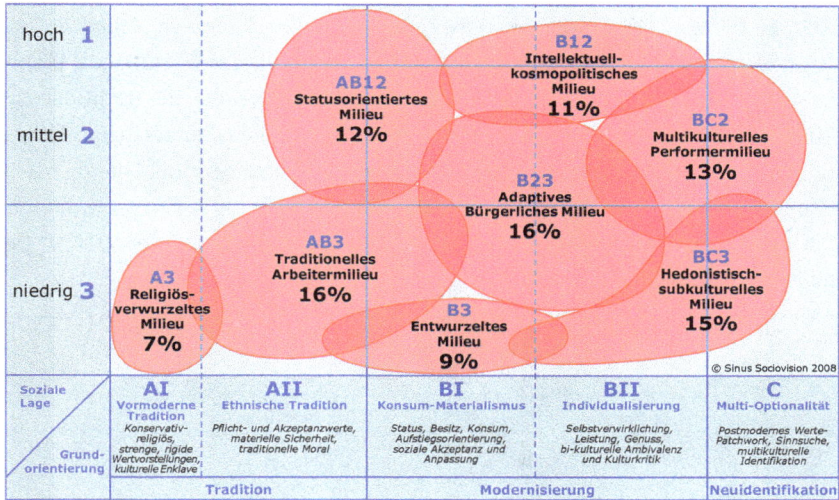

Abb. 2: Sinus-Migranten-Milieus® in Deutschland 2008

Insgesamt acht Migranten-Milieus mit jeweils deutlich unterschiedlichen Lebensauffassungen und Lebensweisen konnten identifiziert werden. Dabei zeigt sich eine Vielschichtigkeit von Lebensauffassungen und Lebensweisen, die nicht eindimensional auf die Ethnie zurückzuführen ist, sondern auf den Alltag der Menschen in Deutschland, den erlebten Wertewandel hier und im Herkunftsland bzw. den der Eltern und der eigenen Identitätsfindung in diesem Spannungsfeld. Die Spannbreite reicht von traditioneller Grundorientierung über Modernisierung bis hin zu Neuidentifikation. Vor diesem Hintergrund lassen sich Menschen mit Migrationshintergrund nicht länger als homogene Gruppe begreifen. Ebenso wenig ist eine Unterscheidung nach ethnischer Zugehörigkeit oder Religion ausreichend. Vielmehr gibt es innerhalb einer Ethnie (z. B. Menschen mit türki-

---

[12] Vgl. Flaig/Wippermann (2008).

schem Hintergrund) alle diese Grundorientierungen. Dabei zeigt sich: die Herkunftskultur prägt zwar die Identität maßgeblich, aber sie bestimmt nicht den grundlegenden Werte-Mix.

Die Ergebnisse der Studie zeigen, dass traditionell orientierte Milieus vorhanden sind, diese machen aber mit sieben Prozent (Religiös-verwurzeltes Milieu) bzw. 16 Prozent (Traditionelles Arbeitermilieu) einen kleineren Anteil an der Grundgesamtheit aus, als man gemeinhin annimmt. In der öffentlichen Wahrnehmung und auch im Integrationsdiskurs werden die Anteile der traditionellen Milieus meist über- und die Anteile der modernen Milieus unterschätzt. Dieser Effekt wird dadurch verstärkt, dass in den Medien überproportional häufig traditionell orientierte Zuwanderer dargestellt werden, indem z. B. Fotos von Frauen mit Kopftüchern als Visualisierung eines Beitrages zum Thema Integration genutzt werden.

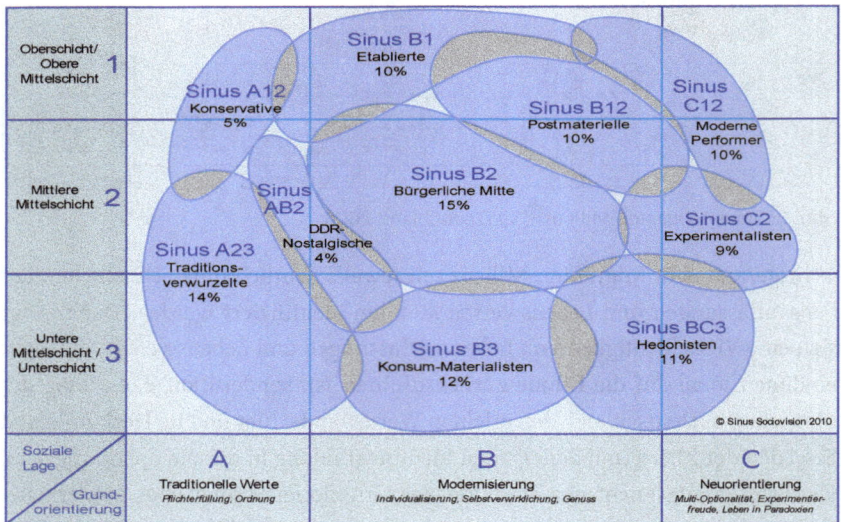

Abb. 3: Die Sinus-Milieus® in Deutschland 2010
Soziale Lage und Grundorientierung   Quelle: Sinus Sociovision 2010

Im Unterschied zu den Sinus-Milieus für die deutsche Gesamtbevölkerung[13] (Abb. 3) liegen Migranten-Milieus meist nicht eindeutig auf einem Abschnitt der Werteachse, sondern erstrecken sich oft über zwei Wertorientierungen. Diese Lagerungen sind möglicherweise das Resultat einer mehrkulturellen Orientierung (Lebenswelten mit und zwischen alten und neuen Wertorientierungen). Für die Autoren der Studie ist dies zum einen ein Anzeichen für die starke Dynamik des Wertewandels bei vielen Migrantinnen und Migranten. Zum anderen zeigt sich darin die Notwendigkeit und Bereitschaft zur Veränderung, zur bikulturellen Kompetenz und Flexibilität. Dies führt die Forscher zu der Annahme, dass die Ressourcen bei Menschen mit Migrationshintergrund bisher in Deutschland weitgehend unterschätzt werden, weil diese Gruppe häufig mit dem Bild vom traditionellen, starren und unflexiblen Fremden und Außenseiter verbunden wird[14].

Kurzprofile der Migranten-Milieus

Im Folgenden sollen die acht Migranten-Milieus jeweils in einem Kurzprofil dargestellt werden. Der Integrationsrat der Stadt Köln veröffentlichte unter dem Titel „100 % Köln" eine Broschüre zu den Lebenswelten und Milieus der Menschen mit Migrationshintergrund, in der ergänzend auch Kölnerinnen und Kölnern der jeweiligen Milieus portraitiert wurden[15]. Die nachfolgenden Fotos zu den einzelnen Milieus stammen aus dieser Veröffentlichung.

---

[13] Im Jahr 2010 wurde ein Update des Milieumodells für die deutsche Gesamtbevölkerung vorgenommen. Nähere Informationen dazu unter http://www.sinus-sociovision.de.

[14] Vgl. Wippermann/Flaig (2009: 9).

[15] Vgl. Integrationsrat der Stadt Köln (2011).

Adaptives Bürgerliches Milieu

16% der Menschen mit Migrationshintergrund gehören zu dieser pragmatischen modernen Mitte, die nach sozialer Integration und einem harmonischen Leben in gesicherten Verhältnissen strebt.

Quelle: Integrationsrat der Stadt Köln 2011

Relevante Werte:

- Geordnete Verhältnisse, finanzielle Absicherung
- Lebensqualität, Komfort, gemütliches Zuhause
- Harmonische Familie
- Optimismus und Zufriedenheit
- Soziale Integration
- Leistungs- und Anpassungsbereitschaft
- Erfolg, Aufstieg, Etablierung
- Pragmatismus, Sparsamkeit

Soziodemografisches Profil:

- **Lebenssituation**: mittlere Altersgruppen zwischen 30 und 60 Jahren; überwiegend verheiratet mit Kindern; 3-Personen-Haushalte sind überrepräsentiert
- **Bildung**: mittlere formale Bildung: Haupt- oder Realschule; 36% sind in Deutschland zur Schule gegangen (Gesamtheit der Menschen mit Migrationshintergrund: 32%)
- **Beruf**: überwiegend voll berufstätig; mittlere und qualifizierte Angestellte sowie Facharbeiter(innen) sind überrepräsentiert
- **Finanzielle Situation**: mittlere Einkommensklassen, überdurchschnittlicher Doppelverdieneranteil; 32% haben Wohneigentum (Gesamtheit der Menschen mit Migrationshintergrund: 27%)
- **Zeitpunkt der Zuwanderung**: 88% des Milieus sind nach Deutschland zugewandert, hauptsächlich in den 80er und 90er Jahren

Statusorientiertes Milieu

12% der Menschen mit Migrationshintergrund gehören zu diesem klassisch aufstiegsorientierten Milieu, das durch Leistung und Zielstrebigkeit materiellen Wohlstand und soziale Anerkennung erreichen will.

Quelle: Integrationsrat der Stadt Köln 2011

Relevante Werte:

- Zielstrebigkeit, Erfolg, Karriere, Aufstieg
- Materieller Wohlstand, Geld, Besitz
- Soziale Anerkennung, Ansehen, Prestige
- Bildung und Wissen
- Geborgenheit, Sicherheit, Akzeptanz
- Anpassung, Pflichterfüllung
- Attraktives Aussehen, schöne Wohnung, Statussymbole
- Optimismus, Flexibilität, Dynamik

Soziodemografisches Profil:

- **Lebenssituation**: Altersschwerpunkt zwischen 20 und 50 Jahren; leicht überdurchschnittlicher Männeranteil; überwiegend verheiratet mit Kindern; 4-Personen-Haushalte sind überrepräsentiert
- **Bildung**: gehobene formale Bildung: mittlere und höhere Abschlüsse sind deutlich überrepräsentiert; häufig qualifizierte Berufsausbildung (z. B. Meisterbrief) oder Studium; 35% sind in Deutschland zur Schule gegangen (Gesamtheit der Menschen mit Migrationshintergrund: 32%)
- **Beruf**: Höchster Anteil voll Berufstätiger im Milieuvergleich; hoher Anteil Selbstständiger, qualifizierter und leitender Angestellter
- **Finanzielle Situation**: gehobene Einkommensklassen: viele Doppelverdiener; 34% haben Wohneigentum (Gesamtheit der Menschen mit Migrationshintergrund: 27%)
- **Zeitpunkt der Zuwanderung**: 91% des Milieus sind nach Deutschland zugewandert, hauptsächlich in den 90er Jahren

Religiös-verwurzeltes Milieu

7% der Menschen mit Migrationshintergrund gehören zu diesem Milieu, das verwurzelt ist in den kulturellen und religiösen Traditionen der Herkunftsregion.

Quelle: Integrationsrat der Stadt Köln 2011

Relevante Werte:

- Bewahren der kulturellen Identität
- Zusammenhalt in der Familie
- Heile Welt im Privaten
- Religiöse Pflichten
- Strikte Moral, Eiserne Selbstdisziplin
- Recht und Ordnung, Ehre, Respekt, Sauberkeit, Reinheit
- Sparsamkeit, Bescheidenheit
- Wohltätigkeit, Menschlichkeit

Soziodemografisches Profil:

- **Lebenssituation**: mittlere Altersgruppen und Ältere; überwiegend verheiratet; höchster Anteil an 4- und mehr Personenhaushalten (Großfamilie); kinderreichstes Milieu: in 54% der Haushalte leben Kinder unter 14 Jahren (Gesamtheit der Menschen mit Migrationshintergrund: 36%)
- **Bildung**: niedrige formale Bildung: Grundschule, Hauptschule / Pflichtschule; 84% sind nicht in Deutschland zur Schule gegangen (Gesamt: 68%)
- **Beruf**: hoher Anteil von Nicht-Berufstätigen und Arbeitslosen; höchster Anteil ungelernter/angelernter Arbeiter(innen) (52%) im Milieuvergleich (Gesamt: 25%)
- **Finanzielle Situation**: meist geringe Einkommen; kaum Immobilienbesitz: nur 17% haben Wohneigentum (Gesamt: 27%); geringste Kreditnutzerrate im Milieuvergleich
- **Zeitpunkt der Zuwanderung**: 96% des Milieus sind nach Deutschland zugewandert, überdurchschnittlich häufig in den 70er Jahren

Traditionelles Arbeitermilieu

16% der Menschen mit Migrationshintergrund gehören zu diesem traditionellen Blue Collar-Milieu (Arbeitermilieu) der Arbeitsmigranten und Spätaussiedler, das nach materieller Sicherheit für sich und seine Kinder strebt.

Quelle: Integrationsrat der Stadt Köln 2011

Relevante Werte:

- Befriedigender Lebensstandard
- Harmonie im Privaten
- Vorsorge, Absicherung im Alter
- Traditionelles Arbeitsethos
- Traditionelle Familienwerte, Kinder
- Soziale Gerechtigkeit und Teilhabe
- Ordnung und Disziplin, Einfachheit, Sparsamkeit

Soziodemografisches Profil:

- **Lebenssituation**: älteste Gruppe im Milieuvergleich: 64% sind 50 Jahre und älter (Gesamt: 28%); überwiegend verheiratet; meist 2-Personen-Haushalte (Kinder sind schon aus dem Haus)
- **Bildung**: niedrige formale Bildung: Hauptschule / Pflichtschule, oder auch nur Grundschule; 50% haben eine abgeschlossene Berufsausbildung (Gesamt: 54%); 88% sind im Ausland zur Schule gegangen (Gesamt: 68%)
- **Beruf**: hoher Anteil von Rentnern und von Nicht-Berufstätigen; viele Minijobber und geringfügig Beschäftigte; un- und angelernte Arbeiter(innen) sowie Facharbeiter(innen) sind überrepräsentiert
- **Finanzielle Situation**: niedriges Einkommensniveau; unterdurchschnittliche Kreditnutzung; wenn Kredit, dann Baufinanzierung
- **Zeitpunkt der Zuwanderung**: 97% des Milieus sind nach Deutschland zugewandert, hauptsächlich in den 60er und 70er Jahren

Multikulturelles Performermilieu

13% der Menschen mit Migrationshintergrund gehören zu diesem jungen, leistungsorientierten Milieu mit bi-kulturellem Selbstverständnis, das nach beruflichem Erfolg und intensivem Leben strebt.

Quelle: Integrationsrat der Stadt Köln 2011

Relevante Werte:
- Freiheit, Mobilität, Internationalität
- Beruflicher Erfolg, Spitzenleistungen, Karriere
- Intensives Leben, Selbstverwirklichung
- Offenheit, Vielfalt, Multioptionalität
- Materielle Sicherheit, Status, Geld
- Unterhaltung, Spaß, Genuss, Konsum, Fitness, Sportlichkeit
- Soziale Akzeptanz, Integration
- Eigenständigkeit, Unabhängigkeit, Liberalität
- Technischer Fortschritt, Multimedia

Soziodemografisches Profil:
- **Lebenssituation:** jüngere Altersgruppen bis 30 Jahre; viele sind ledig oder leben noch bei den Eltern; 1- und 3-Personenhaushalte sind überrepräsentiert
- **Bildung:** gehobene formale Bildung: 68% haben eine abgeschlossene Berufsausbildung (Gesamt: 56%); 60% sind in Deutschland zur Schule gegangen (Gesamt: 32%)
- **Beruf:** voll Berufstätige sind überrepräsentiert, ebenso wie Personen in Ausbildung: Lehrlinge, Schüler(innen) und Student(inn)en; häufig mittlere Angestellte, kleinere Selbstständige, Facharbeiter(innen)
- **Finanzielle Situation:** mittlere Einkommensklassen; viele sind noch am Anfang ihrer Karriere bzw. leben noch im elterlichen Haushalt; 31% erwarten, dass es ihnen in einem Jahr finanziell besser gehen wird (Gesamt: 18%)
- **Zeitpunkt der Zuwanderung:** 36% des Milieus sind in Deutschland geboren und die Zugewanderten kamen hauptsächlich in den 90er Jahren

Intellektuell-kosmopolitisches Milieu

11% der Menschen mit Migrationshintergrund gehören zu diesem global denkenden Bildungsmilieu mit einer weltoffenen Grundhaltung und vielfältigen intellektuellen Interessen.

Quelle: Integrationsrat der Stadt Köln 2011

Relevante Werte:

- Bildung, Wissen, Kultur
- Internationalität, Weltoffenheit
- Entfaltung der Persönlichkeit, Kreativität
- Emanzipation, Aufklärung
- Toleranz, Friedlichkeit, Solidarität
- Chancengleichheit, Gerechtigkeit, soziale Verantwortung
- Intakte Umwelt
- Multi-kulturelle Kommunikation, Vielfalt
- Leistung, Flexibilität, Selbstbewusstsein, Erfolgsoptimismus

Soziodemografisches Profil:

- **Lebenssituation**: jüngere und mittlere Altersgruppen zwischen 20 und 50 Jahren; Frauen sind deutlich überrepräsentiert; Alleinlebende und Alleinerziehende sind überrepräsentiert; meist 1- bis 2-Personenhaushalte
- **Bildung**: höchste formale Bildung im Milieuvergleich: überwiegend Abitur/Hochschulreife; 41% Akademiker (Gesamt: 14%); 41% sind in Deutschland zur Schule gegangen (Gesamt: 32%)
- **Beruf**: überdurchschnittlicher Anteil Teilzeit-Beschäftigter; Student(inn)en; Selbstständige und insbesondere Freiberufler sind überrepräsentiert; ansonsten mittlere, qualifizierte und leitende Angestellte; 19% sind oder waren im öffentlichen Dienst in Deutschland beschäftigt (Gesamt: 9%)
- **Finanzielle Situation**: gehobenes Einkommensniveau: 33% haben ein monatliches Haushaltsnettoeinkommen über 3.000 € (Gesamt: 20%); 45% haben Wohneigentum (Gesamt: 27%)
- **Zeitpunkt der Zuwanderung**: 22% des Milieus sind in Deutschland geboren; Zugewanderte kamen hauptsächlich in den 80er und 90er Jahren

Entwurzeltes Milieu

9% der Menschen mit Migrationshintergrund gehören zu diesem sozial und kulturell entwurzelten Milieu, das Problemfreiheit und Heimat sowie Identität sucht und nach Geld, Ansehen und Konsum strebt.

Quelle: Integrationsrat der Stadt Köln 2011

Relevante Werte:

- Festes Einkommen, Unterkunft, Gesundheit
- Geld, Reichtum, Luxus
- Geselligkeit, Spaß und Unterhaltung
- Traditionelle Familienwerte
- Heimat, Verwurzelung
- Macht, Stärke, Ehre
- Ansehen, Prestige
- Problemfreiheit, Stressfreiheit, Freizeit, Konsumwerte

Soziodemografisches Profil:

- **Lebenssituation**: jüngere und mittlere Altersgruppen zwischen 20 und 50 Jahren; überdurchschnittlicher Männeranteil; hoher Anteil allein Lebender; dennoch häufig Kinder unter 14 Jahren im Haushalt
- **Bildung**: niedrige formale Bildung: Haupt-/Pflichtschule, oder gar kein Schulabschluss; 35% haben keine Berufsausbildung (Gesamt: 25%); 75% sind im Ausland zur Schule gegangen (Gesamt: 68%)
- **Beruf**: höchster Anteil von Arbeitslosen im Milieuvergleich; überdurchschnittlich viele Teilzeitkräfte, Minijobber und geringfügig Beschäftigte; un- und angelernte Arbeiter(innen) sowie einfache Angestellte sind überrepräsentiert
- **Finanzielle Situation**: niedrigstes Einkommensniveau im Milieuvergleich; 60% schätzen ihre wirtschaftliche Situation als schlecht oder eher schlecht ein (Gesamt: 35%); kaum Immobilienbesitz
- **Zeitpunkt der Zuwanderung**: 90% des Milieus sind nach Deutschland zugewandert, hauptsächlich ab dem Jahr 2000

Hedonistisch-subkulturelles Milieu

15% der Menschen mit Migrationshintergrund gehören zu diesem unangepassten Jugendmilieu, das Spaß haben will und sich den Erwartungen der Mehrheitsgesellschaft verweigert.

Quelle: Integrationsrat der Stadt Köln 2011

Relevante Werte:

- Fun & Action, Stimulation, Thrill, Risiko, Freizeit, „Feiern", Party
- Konsumwerte (Auto, Kleidung, Multimedia), Reichtum, Luxus
- Anerkennung, Erfolg, soziale Zugehörigkeit
- Gemeinschaft in Szenen und Gangs (z. T. ethnische Enklaven, z. T. multiethnisch)
- Westlicher Lifestyle und provozierende (z. T. gewaltbereite) Sub-/Gegenkultur
- Freiheit, Ungebundenheit
- Heimat, Identität, Sinn

Soziodemografisches Profil:

- **Lebenssituation**: Altersschwerpunkt unter 30 Jahren; viele sind ledig und leben noch bei ihren Eltern; 3- und mehr Personenhaushalte sind überrepräsentiert
- **Bildung**: niedrige formale Bildung: ganz überwiegend Hauptschule bzw. Pflichtschule; diejenigen, die derzeit die Schule besuchen, besuchen meist die Haupt- oder Realschule; 42% sind in Deutschland zur Schule gegangen (Gesamt: 32%)
- **Beruf**: viele sind noch in der Ausbildung bzw. gehen noch zur Schule; bei den Berufstätigen sind einfache Angestellte sowie un- und angelernte Arbeiter(innen) überrepräsentiert
- **Finanzielle Situation**: 30% haben (noch) kein eigenes Einkommen (Gesamt: 15%); die monatlichen Haushaltsnettoeinkommen sind leicht unterdurchschnittlich; überdurchschnittliche Kreditaufnahme (Anschaffungskredite)
- **Zeitpunkt der Zuwanderung**: 26% des Milieuangehörigen sind in Deutschland geboren und die Zugewanderten kamen hauptsächlich in den 90er Jahren

Kulturelle Vielfalt nutzen – Fakten statt Vorurteile

Kulturelle Vielfalt gehört längst zum Alltag deutscher Stadtgesellschaften. Doch nicht immer ist bei den Entscheidungsträgern vor Ort sowie bei den Medien das notwendige Wissen vorhanden über die Ressourcen und Potenziale der Menschen mit Migrationshintergrund und deren komplexe und differenzierte Lebenswelten. Hier liefert die repräsentative Sinus-Milieu-Studie einen wichtigen Beitrag, indem erstmals die vielfältige und differenzierte Milieulandschaft der Menschen mit Migrationshintergrund in Deutschland dargestellt wird.

Die Migranten-Milieus unterscheiden sich weniger nach ethnischer Herkunft und sozialer Lage als nach ihren Wertvorstellungen, Lebensstilen und ästhetischen Vorlieben. Dabei finden sich gemeinsame lebensweltliche Muster bei Migranten aus unterschiedlichen Herkunftskulturen. Faktoren wie ethnische Zugehörigkeit, Religion und Zuwanderungsgeschichte beeinflussen die Alltagskultur, sind letzten Endes aber nicht milieuprägend und identitätsstiftend. Der Einfluss religiöser Traditionen wird oft überschätzt.

Der Integrationsdiskurs in Deutschland erscheint im Licht der Untersuchungsergebnisse allzu stark auf eine Defizitperspektive verengt, so dass die Ressourcen der Migrantinnen und Migranten, ihre Anpassungsleistungen und der Stand der Etablierung in der Mitte der Gesellschaft meist unterschätzt werden.

Die meisten Milieus verstehen sich als Angehörige einer deutschen Gesellschaft, die durch kulturelle Vielfalt geprägt ist. Die große Mehrheit der Befragten will sich in die Aufnahmegesellschaft einfügen – ohne ihre kulturellen Wurzeln zu vergessen. Viele, insbesondere in den soziokulturell modernen Milieus, haben ein bi-kulturelles Selbstbewusstsein und sehen Migrationshintergrund und Mehrsprachigkeit als Bereicherung – für sich selbst und für die Gesellschaft.

Erfolgreiche Etablierung in Deutschland ist wesentlich abhängig von Bildung. Grundsätzlich gilt: Je höher die Bildung und je urbaner die Herkunftsregion, desto leichter und besser gelingt dies. Die meisten Menschen mit Migrationshintergrund sind sich dieses Zusammenhanges bewusst und haben einen ausgeprägten Bildungsoptimismus – der allerdings aufgrund von strukturellen Hürden, Informationsdefiziten und Fehleinschätzungen nicht immer in adäquaten Abschlüssen und Berufspositionen mündet[16].

---

[16] Vgl. Wippermann/Flaig (2009).

Bei vielen Migranten sind die Bereitschaft zu Leistung und der Wille zum gesellschaftlichen Aufstieg deutlich ausgeprägter als in der deutschen Gesamtbevölkerung[17]. Die den verbreiteten Negativ-Klischees über Menschen mit Migrationshintergrund entsprechenden Teilgruppen gibt es zwar, und sie konnten im vorliegenden Migranten-Milieumodell auch lokalisiert werden, aber sie sind sowohl soziodemografisch als auch soziokulturell eher marginale Randgruppen. Die Studie enttarnt Pauschalisierungen aus der Defizitperspektive als Irrtum bzw. als verengten Blick auf einen kleinen Ausschnitt, der in keiner Weise stellvertretend ist für alle Menschen mit Migrationshintergrund in Deutschland. So dürfen Erfahrungen mit einzelnen Personen aus einer Herkunftsregion oder Problematiken aus Stadtteilen mit hohem Migranten- und Arbeitslosenanteil nicht übertragen werden auf die Gesamtheit der Menschen mit Migrationshintergrund[18].

Es bleibt zu hoffen, dass möglichst viele Entscheider und Multiplikatoren aus Politik, Medien und Verwaltung die Studie zur Hand nehmen und einen differenzierten Blick auf ihre Zielgruppen wagen, damit der öffentliche Diskurs über kulturelle Vielfalt von Fakten statt von Vorurteilen bestimmt wird.

Literatur

Agiplan (2010): Kreative Klasse in Deutschland 2010. Technologie, Talent und Toleranz stärken Wettbewerbsfähigkeit – eine Chance für offene Städte und Kreise. 2010. Verfügbar unter: http://www.agiplangmbh.de/images/stories/pdf/presse/studie_ttt_index.pdf (11.03.2010).

Flaig, Bodo/Wippermann, Carsten (2008): Migranten-Milieus. Lebenswelten und Werte von Menschen mit Migrationshintergrund in Deutschland. Sozialwissenschaftliche Repräsentativuntersuchung von Sinus Sociovision. Heidelberg.

Florida, Richard (2002): The Rise Of The Creative Class ... and how it's transforming work, leisure, community & everyday life. Cambridge: Basic Books.

Geißler, Rainer ([5]2008): Die Sozialstruktur Deutschlands. Zur gesellschaftlichen Entwicklung mit einer Bilanz zur Vereinigung. Wiesbaden: VS Verlag.

Integrationsrat der Stadt Köln (2011): 100 % Köln. Kulturelle Vielfalt einer Stadt. Köln.

Statistisches Bundesamt (2010): Bevölkerung und Erwerbstätigkeit. Bevölkerung mit Migrationshintergrund – Ergebnisse des Mikrozensus 2009. Fachserie 1. Reihe 2.2. Ver-

---

[17] Vgl. Wippermann/Flaig (2009: 11).
[18] Vgl. Wippermann/Flaig (2009: 4).

fügbar unter: http://www.destatis.de/jetspeed/portal/cms/Sites/destatis/Internet/DE/Cont ent/Publikationen/Fachveroeffentlichungen/Bevoelkerung/MigrationIntegration/Migration shintergrund, templateId = renderPrint.psml (29.04.2011).

Statistisches Jahrbuch der Stadt Köln 2010. Verfügbar unter: http://www.stadt-koeln.de/ mediaasset/content/pdf15/statistisches_jahrbuch_k__ln_2010.pdf (06.05.2011).

Trojanow, Ilija (2008): Laute und lautere Multikultibinsen? In: 2. Bundeskongress Interkultur (Hrsg.). Kulturelle Vielfalt und Teilhabe. Nürnberg. 8–11. Verfügbar unter: http://www.bundesfachkongress-interkultur.de/2008/pdf/doku_2_bundesfachkongress.pdf (11.03.2010).

Wippermann, Carsten/Flaig, Bodo (2009): Lebenswelten von Migrantinnen und Migranten. In: Aus Politik und Zeitgeschichte 59, 3–11.

Yildiz, Erol (2009): Migranten-Milieus. Ein Kompass für die Stadtgesellschaft. Ausflug in die Alltagspraxis von Migranten. Verfügbar unter: http://www.vhw.de/fileadmin/ user_upload/Download-Dokumente/Kommentar_Erol_Yildiz.pdf (14.03.2011).

Schulische Wege zur Integration muslimischer Kinder und Jugendlicher

Klaus Spenlen

Migration ist kein einheitlicher sozialer Sachverhalt, birgt vielmehr eine starke Heterogenität von Zuwanderungskonstellationen und kulturellen Identitäten in sich, die vor allem für die Bildungsintegration relevant sind. So wirkt es sich im Bildungssystem unterschiedlich aus, ob Kinder und Jugendliche als „Querein-steiger" nach Deutschland kommen oder Angehörige der „zweiten Generation" sind, ebenso in welchem Alter sie zugewandert sind, ob ihre Eltern im Ausland geboren wurden und ggf. welcher Religion sie angehören. Aufgrund von Zu- und Abwanderungsprozessen verändert sich die Zusammensetzung der Bevölkerung Deutschlands ständig und damit verbunden auch die Population der Schülerinnen und Schüler.

In Politik, Wissenschaft und im Schulbereich besteht Einvernehmen, dass dem Erziehungs-, Bildungs- und Qualifikationssystem eine Schlüsselfunktion für den langfristigen Erfolg der gesellschaftlichen Integration von Migranten(kindern) zukommt. Auch über das Ziel, Integration durch Bildung zu verbessern, gibt es keine grundlegenden Kontroversen: Es muss Kindern von Zugewanderten im Laufe der Zeit gelingen, ähnliche Kompetenzen und Bildungsabschlüsse zu erreichen wie die übrigen Gleichaltrigen.

Obschon der Pädagogik, im engeren Sinne der Schulpädagogik, damit die Hauptaufgabe zufällt, kann sie alleine diese Probleme nicht lösen. Gleichwohl haben die Landesregierungen 2007 in einem integrationspolitischen Ansatz ergänzend zu der vom Bundesamt für Migration und Flüchtlinge (BAMF) bereits vorgelegten Darstellung der integrationspolitischen Handlungsansätze der Länder ein Grundsatzpapier erarbeitet,[1] das ihre wesentlichen integrationspolitischen Überlegungen und Ansätze zusammenfasst. Die wichtigsten Ergebnisse der Auswertung der Integrationspolitik in den 16 Bundesländern sind:

---

[1] Vgl. http://www.mags.nrw.de/08_PDF/003_Integration/002_intmk/Integrationspolitische_Schwerpunktsetzu ngen_Laender_1_3_2007.pdf (05.09.2011).

- Es besteht Übereinstimmung der Länder über die grundsätzlichen Ziele und die zentralen Handlungsfelder der Integrationspolitik.
- Nahezu alle Länder haben in den zurückliegenden Jahren integrationspolitische Gesamtkonzepte und Leitlinien beschlossen, die die vielfältigen Einzelmaßnahmen bündeln und aufeinander abstimmen. Integrationspolitik ist zu einem eigenständigen Politikfeld geworden.
- Das bedeutet nicht, dass es keine sichtbaren Unterschiede gibt und die Bundesländer auf eigenständige Antworten auf ihre je spezifische Situation verzichten.
- Übereinstimmend sehen die Länder die größten Hemmnisse für die Integration in fehlenden Kenntnissen der deutschen Sprache, sozialräumlicher Segregation und Rückzug in eigenethnische Strukturen, schulischen Schwierigkeiten, der Ausbildungssituation, hoher Arbeitslosigkeit sowie im Erstarken integrationsfeindlicher, zum Teil religiös motivierten Strömungen.

Die für Integration sowie Bildung zuständigen Minister der Länder haben zudem beschlossen, im Zuge der Umsetzung des Nationalen Integrationsplans und zur Erörterung aktueller integrationspolitischer Fragen in Zukunft enger zusammenzuarbeiten und dafür Handlungsfelder zu identifizieren:

a. Einhellig werden Defizite in der Beherrschung der deutschen Sprache als Ursache für mangelnden Bildungserfolg geltend gemacht. Dem kompetenten Umgang mit der deutschen Sprache als der allgemeinen Schul-, Berufs- und Verkehrssprache kommt also ein zentraler Stellenwert für die Zuweisung von Lebenschancen zu. Dieser Sachverhalt wird sich auch mittel- und langfristig nicht wesentlich ändern. Altersgemäße Sprachkompetenz ist mithin entscheidend für Wissenserwerb und Kommunikationsfähigkeit, und diese beiden Fähigkeiten sind unabdingbare Voraussetzungen für erfolgreiche Integration in Schule, Beschäftigungssystem und Gesellschaft.

Da sich sprachliche Kompetenzen kumulativ positiv auf alle Fächer auswirken, steht in allen Ländern das Erlernen der deutschen Sprache an erster Stelle vor jedem anderen notwendigen und wünschenswerten Ziel des Unterrichts. Bestandteil dieses Ansatzes ist es, Kinder mit Sprachdefiziten schon im Kindergarten besser auf die Schule vorzubereiten. Im Rahmen der vorgezogenen Schulanmeldung werden die Kenntnisse in der deutschen Sprache mit dem Ziel überprüft, Kinder mit unzureichenden Deutschkenntnissen, also nicht nur Migranten, zum Besuch eines vorschulischen Sprachkurses zu verpflichten. Hiervon ausgenommen sind durchweg lediglich Kinder, die eine Tagesstätte besuchen und dort gezielt in der deutschen Sprache gefördert werden. Ziel ist die Schulfähigkeit des Kindes als optimaler Start ins Schulleben und als Basis für den Bildungserfolg. Viele Länder haben bereits bei Vier- oder Fünfjährigen Sprachstandsfeststellungen mit anschließender Förderung im Bedarfsfall eingeführt. Einige Länder haben inzwischen Kindergartenjahre (i. d. R. das letzte Jahr vor Einschulung) ohne Beitragspflicht eingeführt.[2]

Zudem sind in den Landeshaushalten Haushaltsmittel für das übergeordnete Ziel der Integration eingestellt. Sie dienen in erster Linie dem schulischen Erlernen der deutschen Sprache. Die Mittel sind durchweg ausschließlich für Angebote bestimmt, die Schulen für Schülerinnen und Schüler aus Migrantenfamilien ohne die erforderlichen Deutschkenntnisse einrichten[3].

Dieses Ziel des Kompetenzerwerbs im Gebrauch der deutschen Sprache in Kitas und Schulen korrespondiert mit den Sprach- und Integrationskursen, die das Zuwanderungsgesetz auch für erwachsene Zuwanderer verpflichtend vorschreibt.[4]

b. Zu den wichtigen schulischen Integrationsmaßnahmen gehört zudem die Einrichtung von multinationalen Vorbereitungs-, bzw. Auffangklassen, die Kinder und Jugendliche aus Herkunftsländern als „Seiteneinsteiger" für ein bis zwei Jahre besuchen, um danach in die Regelklasse „ihrer" Schulform zu wechseln.

Ein Teil der Seiteneinsteiger wird erst im Verlauf der Sekundarstufe I oder zu Beginn der Sekundarstufe II in die deutsche Schule aufgenommen. Diese Jugendlichen können z. T. nicht mehr vor ihrem Schulabschluss in das Sprachenangebot der Schule integriert werden, weil sie im Fremdsprachenunterricht nicht alles nachholen können, was Gleichaltrige bereits in Englisch oder in einer anderen

---

[2] Als bildungspolitisches Steuerungselement wäre ein Beitragsverzicht im ersten Kindergartenjahr allerdings wirkungsvoller.

[3] Vgl. Spenlen (2004: 270ff.).

[4] Vgl. Gesetz zur Steuerung und Begrenzung der Zuwanderung und zur Regelung des Aufenthalts und der Integration von Unionsbürgern und Ausländern – Zuwanderungsgesetz – vom 5. August 2004 (BGBl. I S. 1950) in der aktuellen Fassung.

Fremdsprache gelernt haben. Solche Schülerinnen und Schüler können in den meisten Ländern am Ende der Sekundarstufe I und in der Sekundarstufe II ihre Kenntnisse und Fähigkeiten in der Herkunftssprache – bei Aussiedlern auch in den Fremdsprachen Russisch und Polnisch – in einer Feststellungsprüfung unter Beweis stellen. Das Ergebnis der Prüfung tritt an die Stelle der Note einer Fremdsprache

Bestandteil erfolgreicher Integrationspolitik ist es zudem, Kinder und Jugendliche aus Zuwandererfamilien darin zu unterstützen, ihre kulturelle, religiöse und sprachliche Identität zu wahren und fortzuentwickeln. Dazu bieten die Länder Muttersprachlichen Unterricht an.[5] Die Landesregierungen verfolgen mit ihrem Unterricht für zwei- und mehrsprachig aufwachsende Schülerinnen und Schüler ein doppeltes Ziel: Schulische Angebote (vor allem in Deutsch als Zweitsprache) sind darauf gerichtet, Schülerinnen und Schüler, die Deutsch nicht als erste oder Muttersprache[6] erworben haben, so schnell und so gründlich wie möglich in den deutschsprachigen Regelunterricht zu integrieren. Zugleich sind die Unterrichtsangebote zum Erhalt und zur Weiterentwicklung von Mehrsprachigkeit sowie zur kulturellen Orientierung in einer für die jungen Menschen komplexen kulturellen Wirklichkeit an die Bedürfnisse von heute angepasst worden. Mit der Förderung der Mehrsprachigkeit werden zudem sprachliche Ressourcen für eine exportintensive Wirtschaft in den Ländern der Bundesrepublik Deutschland gewonnen, die ein Fremdsprachenunterricht in dieser Qualität nicht oder nur mit erheblich höherem Mitteleinsatz herstellen könnte.

Muttersprachlicher Unterricht ist deshalb in den Ländern ein Angebot des Landes und steht unter staatlicher Schulaufsicht. Dieses gewährleistet eine schulische Erziehung, die sich an den Werten einer demokratisch verfassten Gesellschaft orientiert und möglichst eng an das Unterrichtsgeschehen in anderen Fächern und Lernbereichen anknüpft.

In den meisten Ländern geht die Tendenz jedoch zu Muttersprachlichem Unterricht in der Verantwortung der Konsulate, also mit Lehrkräften, die das Kon-

---

[5] So macht NRW aktuell Angebote in 19 Sprachen: Albanisch, Arabisch, Bosnisch, Farsi, Griechisch, Italienisch, Koreanisch, Kroatisch, Kurmanci, Mazedonisch, Polnisch, Portugiesisch, Russisch, Serbisch, Slowenisch, Spanisch, Tamil, Türkisch und Vietnamesisch.

[6] Die Termini Mutter-, Herkunfts- und Familiensprache, die in den Ländern in unterschiedlichen Kontexten verwendet werden, werden im Kontext Unterricht als Synonyma gebraucht.

sulat in dem Herkunftsland rekrutiert und auch bezahlt. Die Kommunen stellen lediglich Schulraum zur Verfügung, einige Länder der Bundesrepublik, die dieses Modell realisieren, refinanzieren einen Teil der Kosten.[7]

Die Muttersprache kann in der Sekundarstufe I auch als ordentliches Unterrichtsfach anstelle der zweiten oder der dritten Fremdsprache unterrichtet werden. In diesen Fällen ist sie dem Unterricht in einer Fremdsprache in jeder Weise gleichgestellt. Hierbei können auch gemeinsame Lerngruppen für mehrere Schulen aller Schulformen der Sekundarstufe I gebildet werden. Darüber hinaus kann die Muttersprache an die Stelle der ersten Fremdsprache treten. Der Unterricht in der Muttersprache anstelle einer Fremdsprache kann in der gymnasialen Oberstufe bis zum Abitur fortgesetzt werden.

Neben den Sprachangeboten machen die Länder spezifische Lernangebote für ihre muslimischen Schülerinnen und Schüler: Islamische Unterweisung/Islamunterricht/Islamkunde.[8] Diese Angebote werden je nach Land in verschiedenen Formen erteilt.

Die wichtigsten Formen sind:

- als Teil des muttersprachlichen Unterrichts in Arabisch, Bosnisch und Türkisch und

- als eigenständiges Unterrichtsfach in deutscher oder türkischer Sprache im Rahmen eines zeitlich nicht befristeten Schulversuchs.

Auch die Maßnahmen, neben den Ganztagsschulen im Bereich der Primarstufe und Sekundarstufe I offene Ganztagsangebote an Grundschulen zu fördern,

---

[7] Der muttersprachliche Unterricht wird in folgenden Ländern in der Verantwortung des Landes durchgeführt (Stand: Ende 2009): Bremen, Hamburg, Hessen (auslaufend, geht sukzessive in Konsulatsunterricht über), Nordrhein-Westfalen, Niedersachsen (in der Primarstufe), Rheinland-Pfalz, Sachsen. Angebote von zusätzlichem oder ausschließlichem Konsulatsunterricht gibt es in folgenden Ländern (Stand: Ende 2009): Baden-Württemberg (Finanzzuschüsse zu Personal- und Sachkosten), Bayern, Berlin, Bremen, Hessen (Übernahme von Versicherungskosten für die Schülerinnen und Schüler), Niedersachsen, Schleswig-Holstein. Konsulatsunterricht birgt die rechtliche Problematik, dass ausländische Lehrkräften Kinder und Jugendliche mit deutschem Pass nach deutschen Lehrplänen unterrichten und damit auch ggf. versetzungsrelevante Entscheidungen treffen.

[8] Ungeachtet dessen streben die Länder nach wie vor die Einrichtung von Islamischem Religionsunterricht an. Der in NRW, Hessen, Bayern und Baden-Württemberg eingeführte Alevitische Religionsunterricht findet nach den Grundsätzen der AABF (Almanya Alevi Birlikleri Federasyonu – Alevitische Gemeinde Deutschland e. V.) statt, die als Religionsgemeinschaft anerkannt ist und zu deren Mitgliedern sich überwiegend Nicht-Muslime zählen.

ermöglichen es den Schulen, weitere Angebote für Migranten zu machen. Zudem können Schulen der Primarstufe und der Sekundarstufe I für die Betreuung von Schülerinnen und Schülern vor und nach dem Unterricht finanzielle Zuwendungen erhalten. Gefördert werden u. a. Lern- und Betreuungsmaßnahmen. Beispielhaft werden als weitere wichtige Aktivitäten der Länder genannt:

- Das auf BLK-Ebene durchgeführte Projekt FörMig.[9] Die Laufzeit betrug fünf Jahre und endete am 31.08.2009. Ziel des Programms war es, Kindern und Jugendlichen aus zugewanderten Familien eine bessere sprachliche Förderung zu bieten, um ihre Erfolgschancen an deutschen Schulen zu erhöhen[10]. An FörMig nahmen mit Ausnahme von Bayern, Baden-Württemberg, Brandenburg, Hessen, Niedersachsen, Sachsen-Anhalt und Thüringen alle anderen Bundesländer teil. Es hatte ein Gesamtvolumen von 12,5 Millionen Euro, das je zur Hälfte vom Bundesministerium für Bildung und Forschung und den teilnehmenden Bundesländern getragen wurde.

- Die Beratungsstellen zur Förderung der Integration, wie z. B. die Regionalen Arbeitsstellen zur Förderung von Kindern und Jugendlichen aus Zuwandererfamilien (RAA), Beratungsstellen gegen Zwangsheirat u. a. m. Allein NRW unterhält als Gemeinschaftsaufgabe von Land und Kommunen 27 RAA.

- Berufsbezogene Projekte, um Jugendlichen, von denen erwartet werden kann, dass sie keinen Schulabschluss erreichen werden, rechtzeitig vor Schulende Berufserfahrung einschließlich Anbahnung von Ausbildungsverträ-

---

[9] FörMig ist die Abkürzung für den BLK-Modellversuch „Förderung von Kindern und Jugendlichen mit Migrationshintergrund".

[10] FörMig erarbeitete folgende Schwerpunkte/Module: Sprachstandsfeststellung, Sprachförderung. Hier galt es, gemeinsame Qualitätskriterien der Instrumente der Sprachstandserhebung zu entwickeln. Sprachförderung im Ganztag, Förderung in Deutsch, Herkunftssprachen und Fremdsprachen in der Sek. I. Hier ging es um die Verbesserung der Sprachförderansätze. Ziel war es, flexible, an den spezifischen Bedingungen der Region orientierte Konzepte zur Förderung des Deutschen unter Berücksichtigung von Herkunfts- und Fremdsprachen zu erproben. Sprachförderung in der beruflichen Qualifikation, Entwicklung von Ausbildungsverbünden. Hier wurden unter Einbeziehung von Ausbildungsverbünden Konzepte zur Förderung und Unterstützung von Migrantenjugendlichen beim Übergang in den Beruf entwickelt, umgesetzt und evaluiert. Zum Abschlussbericht siehe Gogolin (2008).

gen durch schulisch und betrieblich abgestimmte Maßnahmen zu vermitteln.[11]

- Projektbezogene Aktivitäten wie das „Stipendienprogramm START – Förderung von Migrantenkindern" –, das erfolgreich in einigen Ländern durchgeführt wird. Es ist Teil der Bildungsinitiative der Gemeinnützigen Hertie-Stiftung mit Landesregierungen. Ziel des Programms ist es, besonders begabten und engagierten Kindern und Jugendlichen von Zuwanderern verstärkt die Möglichkeit zu einer höheren Schulbildung und damit verbunden besseren Chancen für eine gelungene Integration zu bieten.[12]
- Weitere Kooperation zwischen Stiftungen und Landesregierung in Projekten für Kinder mit Zuwanderungsgeschichte in Grundschulen (etwa Deutsch und PC, Mit*Sprache NRW* u. a. m.).

Bildungsbeteiligung, Schulerfolg und Werteorientierung muslimischer Kinder und Jugendlicher

Im Oktober 1997 hatte die Ständige Konferenz der Kultusminister der Länder (KMK) beschlossen, das deutsche Schulsystem im Rahmen wissenschaftlicher Untersuchungen international vergleichen zu lassen (Konstanzer Beschluss). Ziel war es, gesicherte Befunde über Stärken und Schwächen der Schülerinnen und Schüler in den zentralen Kompetenzbereichen zu erhalten. Damit wurde zugleich der Blick auf Unterschiede in den Lernvoraussetzungen der Kinder und Jugendlichen gelenkt. Sichtbar wurde in den Studien u. a. der Zusammenhang zwischen sozialer Herkunft und der erreichten schulischen Kompetenz in Deutschland.

Besonders betroffen sind jugendliche Migranten, und hier insbesondere diejenigen, deren Eltern beide im Ausland geboren wurden. Auch bei der Gymnasialbeteiligung ist die soziale Disparität gravierend, in allen Bundesländern sind zudem Jugendliche mit Migrationshintergrund in denjenigen Schulformen überrepräsentiert, die zum Hauptschulabschluss führen, sie wiederholen häufiger die Klasse und erreichen häufiger niedrigere Bildungsabschlüsse[13]. Auffällig ist zu-

---

[11] Vgl. etwa MAIS und MSW des Landes Nordrhein-Westfalen (2003). Inzwischen liegt eine aktualisierte Fassung vor.

[12] Vgl. http://www.start-stiftung.de/ (06.09.2011).

[13] Vgl. Prenzel et al. (2008: 346).

dem, dass Jugendliche der „zweiten Generation", die also in Deutschland geboren und aufgewachsen sind, zum Teil schlechter oder gleich schlecht abschneiden wie Jugendliche der „ersten Generation"[14]. Bildungsforscher resümieren daher: „Zwischen PISA 2000 und PISA 2006 haben sich die durchschnittlichen Kompetenzunterschiede zwischen Jugendlichen aus den meisten Zuwanderergruppen und Jugendlichen ohne Migrationshintergrund kaum verringert"[15]. Auch die Befunde von PISA 2009 lassen den Schluss zu, dass die negativen Einzelbefunde zu Migranten bei Muslimen fortbestehen[16].

Die in den Medien viel beachtete, 2009 veröffentlichte Studie des Berlin-Instituts für Bevölkerung und Entwicklung[17] hat zwar nicht ausdrücklich das Merkmal „Muslim" untersucht, bezeichnet die „Gruppe mit türkischem Hintergrund", also durchweg Muslime, jedoch als am schlechtesten integrierten Personenkreis, bei dem auch die jüngere Generation wenig Bildungsmotivation erkennen ließe[18].

Auch die Migrantengruppe aus dem ehemaligen Jugoslawien[19] „gehört zu den am schlechtesten Integrierten überhaupt"[20]. Trotz Verbesserungen in Einzelbereichen dringt die Generation der in Deutschland Geborenen kaum besser in den Arbeitsmarkt vor.

Schließlich würden auch Menschen mit der Herkunft „Naher Osten", also überwiegend Muslime, weitgehend gesellschaftlich isoliert leben und scheiterten in großen Teilen am Arbeitsmarkt, und dies, trotz z. T. guter Ausbildung.

Von spezifischen Befunden aufgrund unterschiedlicher Fragestellungen der Studien und Berichte abgesehen bestätigt sich als Gemeinsamkeit: Kinder und Jugendliche aus Herkunftsregionen, die islamisch geprägt sind, weisen in hohen Teilen verzögerte Schullaufbahnen auf,[21] besuchen am häufigsten eine Haupt-

---

[14] Vgl. Prenzel et al. (2008: 26ff.).

[15] Vgl. Prenzel et al. (2008: 343).

[16] Vgl. Klieme et al. (2010).

[17] Vgl. Berlin-Institut für Bevölkerung und Entwicklung (2009).

[18] Berlin-Institut für Bevölkerung und Entwicklung (2009: 7).

[19] Zu diesem Personenkreis gehören auch muslimische Bosniaken.

[20] Berlin-Institut für Bevölkerung und Entwicklung (2009: 42).

[21] „Verzögerte Schullaufbahn" sind Klassenwiederholungen ohne Spezifizierung der Gründe.

schule, gehören zur Gruppe mit den schlechtesten Schulabschlüssen und haben die stärksten Probleme beim Übergang in die Ausbildungs- und Erwerbstätigkeit.[22]

Mit Blick auf integrationsrelevante Indikatoren gibt es zudem signifikante Unterschiede zwischen Nichtmuslimen und Muslimen. „So erreichen Muslime öfter nur einen schlechteren Schulabschluss. Muslime sind zwar häufiger im Besitz der deutschen Staatsangehörigkeit oder sind bereit, diese zu beantragen, gleichzeitig ist ihre identifikatorische Integration, ihre Selbstverortung als Deutsche im Vergleich zu anderen Migranten eher schwach ausgebildet [. . .]. In einigen der thematisierten Bereiche, wie z. B. dem Marginalisierungsempfinden, der deutschen Sprachkompetenz oder der Diskriminierungswahrnehmung in der Schule fanden sich [. . .] keine signifikanten Unterschiede"[23]. Allerdings ist die sozialsprachliche Integration umso schlechter, je stärker die Jugendlichen religiös gebunden sind.

Hinsichtlich ihrer Identifikation mit Deutschland geben die Hamburger Forscher Brettfeld und Wetzels als Ergebnis einer Befragung den Anteil junger Muslime, die sich „völlig" oder „eher" als Deutsche fühlen, mit 5,1 Prozent an, etwa ein Drittel (32 Prozent) sieht sich in doppelter Zuordnung – als Angehörige des ehemaligen Heimatlandes und als Deutsche –, ein weiteres Drittel (35,7 Prozent) sieht sich stärker mit dem Heimatland und ein Viertel (27,2 Prozent) ausschließlich mit dem Heimatland verbunden[24]. Dabei dominiert bei mehr als der Hälfte junger Muslime das Heimatland, das i. d. R. nicht ihr Geburtsland ist.

Ulrich von Wilamowitz-Moellendorf, der Grundlagen zum Leben von Türken in Deutschland erforscht hat, sieht Muslime aus der Türkei mit deutscher Staatsangehörigkeit strukturell besser integriert als solche ohne. Er führt dies auf häufigere und intensivere Kontakte zu „einheimischen" Deutschen zurück[25]. Diese Bewertung wird von Schulforschern (und Kriminologen, sic!) geteilt, die bei denjenigen Migranten einen deutlich besseren Schulerfolg (und eine geringe-

---

[22] Vgl. die ausführliche Untersuchung in Spenlen (2010). Einige der Befunde und Einschätzungen in diesem Beitrag beziehen sich darauf.

[23] Brettfeld/Wetzels (2007: 25f.).

[24] Vgl. Brettfeld/Wetzels (2007: 219).

[25] Vgl. Wilamowitz-Moellendorf (2002: 16).

re Kriminalitätsrate) feststellen, die möglichst bereits im Kindergarten deutsche Freunde und Spielkameraden hatten und dies in ihrer Schulzeit beibehielten[26].

Im Kontext der Frage nach Freunden bestätigen die Hamburger Forscher diese von Wilamowitz-Moellendorf ermittelten und im Kern der Integration in Deutschland abgewandten Einstellungen: 64,3 Prozent der in Deutschland geborenen jungen Muslime (Vergleich: 48,9 Prozent nichtmuslimische Migranten) und 59,5 Prozent (46,1 Prozent) der zugewanderten jungen Muslime haben keine oder kaum deutsche Freunde[27].

Unterschiede zeigen sich ebenfalls in der religiösen Orientierung: Über 85 Prozent der jungen Muslime (Vergleich: 45,6 Prozent nichtmuslimische Migranten und 19,1 Prozent einheimische nichtmuslimische Jugendliche) bezeichnen sich als „eindeutig gläubig"[28]. Auch „Demokratiedistanz" ist bei einem Teil der jugendlichen Muslime feststellbar: Sie ist bei 11,6 Prozent hoch, bei 63,9 Prozent mittel und bei 24,5 Prozent wenig ausgeprägt. Zudem sind Einzelwerte wie „religiös konnotierte Intoleranz", „islamismusaffine Haltungen", „demokratiedistante Einstellungen" bei jugendlichen Muslimen im Vergleich stärker ausgeprägt als bei einheimischen Jugendlichen und nichtmuslimischen jungen Migranten[29].

Diese Werteorientierung erschwert zusätzlich schulische Integration. Sie wirkt sich mittelbar oder unmittelbar negativ auf Noten, Abschlüsse und Berechtigungen aus,[30] wenn Angebote von Koranschulen statt offene Schulangebote bevorzugt werden, überwiegend die Herkunftssprache statt Deutsch gesprochen wird, die Auswahl von Freunden und Freizeitangeboten ethnisch oder religiös motiviert erfolgt, Unterrichtspausen in Gebetsräumen statt mit Mitschülern verbracht werden, Klassenfahrten aus religiösen Gründen gemieden und damit Sozialerfahrungen eingeschränkt werden, Unterricht verweigert wird und da-

---

[26] Vgl. Haug (2010), Pfeiffer et al. (2005), Pfeiffer et al. (2010).

[27] Vgl. Brettfeld/Wetzels (2007: 221).

[28] Brettfeld/Wetzels (2007: 259ff.).

[29] Vgl. Brettfeld/Wetzels (2007: 265–309).

[30] Als „Berechtigung" bezeichnen Schulen und Schulverwaltung Zugangsmöglichkeiten, die etwa aufgrund eines Notenspiegels gebildet werden. So erwerben Schülerinnen und Schüler an nicht-gymnasialen Schulformen nur dann die Berechtigung für den Besuch der gymnasialen Oberstufe, wenn ihr Zeugnis der Fachoberschulreife in bestimmten Fächern ein definiertes Notenniveau aufweist.

mit schlechte Noten in Kauf genommen bzw. Ausgleiche für Minderleistungen unmöglich gemacht werden.

Mit den an dieser Stelle herausgearbeiteten Faktoren werden die großen Kompetenzunterschiede beispielsweise in der Beteiligung an gymnasialen Bildungsgängen und die schlechteren Schulabschlüsse zwar im Ansatz erklärt. Außerdem lassen sich nach mehreren Jahrzehnten Diskussion über Migration und Bildung in Deutschland auch Defizite des Bildungssystems klar herausarbeiten. Dazu zählen möglicherweise Rahmenbedingungen des Bildungssystems wie ein früher Übergang auf eine der weiterführenden Schulformen und damit verbundene Selektionsprozesse, die für Schülerinnen und Schüler aus zugewanderten Familien weniger förderlich sein könnten als für ihre Mitschülerinnen und Mitschüler. Den Problemen, die das deutsche Bildungssystem Zugewanderten und ihren Kindern auch beim Übergang in das Ausbildungs- und Beschäftigungssystem bereitet, entspricht das Verlangen nach stärkeren und systematischeren Anstrengungen[31].

Fragt man mithin nach weiteren Bedingungen für den unterschiedlichen Bildungserfolg, so nimmt das humankapitaltheoretische Modell eine große Bedeutung ein. Es erklärt den Bildungserfolg von Kindern und Jugendlichen mit deren familiärer Sozialisation, bei der Eltern ihren Kindern Wissen und Fertigkeiten vermitteln, die den Erfolg im Bildungssystem offensichtlich beeinflussen. Das Ausmaß, in dem dies geschieht, ist von den bildungsrelevanten Ressourcen, die den Eltern zur Verfügung stehen – einschließlich der Aufgeschlossenheit der Eltern gegenüber Bildungsangeboten – abhängig. Zu den bildungsrelevanten Ressourcen zählen u. a. der sozioökonomische Status, das Bildungsniveau der Eltern und die Zahl kultureller Besitztümer in der Familie. Konkret heißt das: Gibt es in den Familien Bücher? Wird Geld für Bildung unterstützende Maßnahmen (Schulbücher, Lektüren, Computer, Lernhilfen, Nachhilfe etc.) eingesetzt? Hat das Kind ein eigenes Arbeitszimmer? Legen Eltern Wert auf gute und hohe Schulabschlüsse und eine anschließende Ausbildung für ihre Kinder? Ist in der Familie die Amts- und Verkehrssprache Deutsch vorherrschende Sprache? Sind Eltern in der Lage und bereit, die Schulzeit ihrer Kinder durch Hausaufga-

---

[31] Vgl. BMBF (2006: 88ff.). Einen gesonderten Blick auf beruflichen Erfolg von Migrantinnen nimmt Mona Granato (2004) vor.

benkontrolle, Teilnahme an Elternsprechtagen u. ä. zu begleiten? Adaptiert die Familie Politikbereiche in Deutschland über deutsche Medien oder über Medien ihres Herkunftslandes? u. a. m.

Kinder und Jugendliche aus Familien mit Migrationshintergrund, die über wenige dieser bildungsrelevanten Ressourcen verfügen, gelangen diesem Modell zufolge zu geringeren Erfolgen im Bildungssystem[32].

Schulpraktische Fragen mit religiös-islamischem Hintergrund[33]

Zu den bildungsrelevanten Ressourcen, die Einfluss auf Schul- und Bildungserfolg haben, zählen also offensichtlich auch Einstellungen und Werthaltungen, die religiös begründet sind. Einige dieser Einstellungen mit religiös-islamischem Hintergrund können zu schulpraktischen Konflikten führen, bei denen verschiedene Aspekte zu beachten sind:

Zum einen bilden mehr oder weniger apodiktische Vorgaben aus Theologie, religiöser Tradition und Rechtsbestimmungen den Rahmen für solche Fragen samt Lösungen. Zum anderen spielen Bewertungskriterien der Institution Schule und deren Lehrkräfte im Blick auf die häufig als Konflikt wahrgenommenen Situationen eine Rolle. Darüber hinaus kommt in jedem Konflikt in interkulturellen/interreligiösen Kontexten auch zum Ausdruck, wie, mit welchen Deutungsmustern das Anderssein, die Fremdheit, die Unterschiede in den Verhaltensweisen und Wertvorstellungen jeweils wahrgenommen werden.

Insgesamt ist Religion für Zugewanderte ein wichtiger Identitätsfaktor[34]. Zudem sagen manche Lehrkräfte, sie hätten den Eindruck, dass Kinder und Jugendliche den Islam für sich entdeckt hätten, weil sie merkten, dass er Lehrkräften und nicht-muslimischen Mitschülerinnen und Mitschülern Angst mache. In diesen Fällen erweisen sich sonst erfolgreiche Reaktionsmuster als ineffektiv und irrelevant[35].

---

[32] Vgl. Diefenbach (2007a: 43–54), Diefenbach (2007b).

[33] Vgl. die ausführliche Darstellung dieser Fragen in Spenlen (2009a: 146–148) und Spenlen (2009b: 177–180) sowie Spenlen (2010: 212ff.).

[34] Vgl. Krech/Hero/Zander (2008).

[35] Vgl. Ringeisen/Buchwald/Schwarzer (2007: 28).

Übereinstimmend wird schließlich von Lehrkräften betont, dass sich vermeintlich interkulturelle/interreligiöse Probleme bei genauerer Betrachtung sehr oft als soziale Probleme entpuppten, die besonders Menschen mit Migrationshintergrund beträfen. Die sozialen Probleme verschärften sich für die Betroffenen dann, wenn Sprachprobleme hinzukämen.[36] Oft sei es genau diese Kombination, die in der Schule Schwierigkeiten mache. Hier wird zugleich auf die soziale Herkunft von Migranten hingewiesen, die eine nicht zu unterschätzende Bedeutung für die Integration hat: Die Unterschiede zwischen der traditionalen, ländlichen Lebensweise in den abgelegenen Dörfern etwa Anatoliens und der in der postmodernen Lebenswelt in Frankfurt oder Dortmund oder anderswo seien recht groß. Sie seien, so der aus Ägypten stammende Entwicklungssoziologe Fuad Kandil, für die muslimische Seite unüberbrückbar und für die deutsche Seite unübersehbar[37].

Gerade im Alltag erfolgt die Bewertung religiöser Vielfalt und ihrer Erscheinungs- und Präsentationsformen häufig zentriert im Hinblick auf ihre Verträglichkeit mit der Mehrheitsgesellschaft. Ob Angehörige einer Religion integrierbar und integrationsfähig sind, gerät so zu einem Kriterium der Beschreibung von religiöser Heterogenität als tolerierbarer Differenz oder gefährlicher Devianz.

Aktuell legt die 2009er Studie des BAMF zu Muslimen in Deutschland nicht nur erhellende Zahlen vor, sondern geht auch Motiven nach, die den Konflikten zugrunde liegen. So besuchen 87 Prozent der muslimischen Schülerinnen und Schüler den gemischt-geschlechtlichen Sportunterricht, wenn er denn angeboten wird. Denn der Hauptgrund für fehlende Teilnahme sind fehlende Angebote von Sportunterricht oder gemischtgeschlechtlichem Sportunterricht, nicht religiöse Gründe.

Auch am Schwimmunterricht und an Klassenfahrten nehmen lediglich sieben bis zehn Prozent der muslimischen Mädchen nicht teil. Die im Vergleich zu den muslimischen Jungen geringere Teilnahme der Mädchen ist statistisch signifikant, so dass die Studie bei diesen zwei schulischen Aktivitäten auf eine geschlechterbedingte Ungleichbehandlung von muslimischen Mädchen schließt[38].

---

[36] Vgl. exemplarisch Alder (2006).

[37] Vgl. Kandil (2002: 401–425).

[38] Vgl. BAMF (2009: 191).

Selbst an dem immer wieder als Integrationshemmnis angesehenen Sexualkundeunterricht nehmen lediglich weniger als fünf Prozent der muslimischen Schülerinnen und Schüler im Alter von sechs bis 22 Jahren aus religiösen oder sonstigen Gründen nicht teil[39].

Damit verbleibt der in der Öffentlichkeit am stärksten wahrgenommene Konflikt: das Tragen des „islamischen Kopftuchs". 28 Prozent der in den erfassten Haushalten lebenden Musliminnen tragen ein Kopftuch, d. h. 72 Prozent und damit die deutliche Mehrheit der Musliminnen trägt hingegen kein Kopftuch. Allerdings besteht zwischen regionaler Herkunft und dem Anteil der Frauen, die ein Kopftuch tragen, ein signifikanter Zusammenhang[40]. Auf Schulkinder bezogen: In der Altersgruppe der Musliminnen von 0–10 Jahren tragen 97,5 Prozent, Muslima zwischen 11–15 Jahren 93,1 Prozent und im Alter zwischen 16–25 Jahren tragen 77,8 Prozent kein Kopftuch. Danach steigt die Anzahl Kopftuch tragender Muslima, aber immerhin tragen noch Frauen bis 66 Jahre und mehr zu 49,3 Prozent kein Kopftuch[41].

Alle zitierten Befunde deuten darauf hin, dass die als religiös-islamisch wahrgenommenen (Schul-)Konflikte in der öffentlichen Diskussion überschätzt werden. Gleichwohl stellen sie für die Betroffenen und die Schulen erhebliches Konfliktpotenzial dar.

Die verfassungsrechtliche Basis der Schulkonflikte[42]

Der in Art. 7 Abs. 1 GG postulierte staatliche Bildungs- und Erziehungsauftrag und die auf Seiten der Schülerinnen und Schüler bzw. Eltern betroffenen Grundrechte aus Art. 4 und Art. 6 GG können in bestimmten Situationen des Schulalltags, etwa wenn es um Befreiungswünsche vom Sport- bzw. Schwimmunterricht oder von Klassenfahrten sowie um Beurlaubungen aus besonderen Gründen geht, in Kollision geraten. In diesen Fällen müssten sie – im Interesse der Integration, des Schulfriedens und der Handlungsfähigkeit der Schule – zu

---

[39] Vgl. BAMF (2009: 192).

[40] Vgl. BAMF (2009: 195).

[41] Vgl. BAMF (2009: 196).

[42] Vgl. die pädagogischen, rechtlichen und theologischen Abhandlungen der Schulkonflikte in Spenlen (2010: 332ff.).

einem schonenden Ausgleich im Sinne einer praktischen Konkordanz gebracht werden. Der scheint am ehesten herzustellen zu sein, wenn das oberste Entscheidungsgremium der Schule praktikable, einheitliche Maßstäbe und verbindliche Leitlinien beschließt und über deren Einhaltung wacht.

Über den staatlichen Bildungs- und Erziehungsauftrag der Schule (Art. 7 Abs. 1 GG) hinaus gibt es in keinem Schulgesetz der Länder Bestimmungen oder Hinweise zur Regelung von Konflikten mit religiösem Hintergrund bei Schülerinnen und Schülern, so dass einzige Rechtsgrundlage hierfür die zitierten Bestimmungen des Grundgesetzes bzw. hiervon abgeleitete Bestimmungen in den Länderverfassungen sowie Gerichtsurteile sind.

Konflikte können sich z. B. aus Art. 6 Abs. 2 Satz 1 GG ergeben, wonach Pflege und Erziehung das natürliche Recht der Eltern und ihre wichtigste Pflicht ist. Diese elterlichen Rechte und Pflichten haben auch im Schulbereich Geltung. Sie umfassen auch das Recht der Eltern zur Erziehung in religiösen Belangen. Bis zum Eintritt der Religionsmündigkeit des Kindes mit Vollendung des 14. Lebensjahres liegt die Entscheidung über die religiöse Erziehung allein bei den Eltern.

Konflikt „Teilnahme am koedukativen Sport- bzw. Schwimmunterricht"

Im Schulsport wurde das Prinzip der Koedukation erst ab der Mitte der 1970er Jahre einbezogen und wird seither intensiv diskutiert[43]. Gegen Koedukation im Schulsport sprechen Argumente der Leistungsförderung und optimalen Entfaltung, für Koedukation sprechen die Bedeutung der gemischtgeschlechtlichen Interaktion, der Auflösung der Geschlechtergrenzen und die Umsetzung sozialer Ziele.

An dieser Stelle wird nicht die Diskussion pro und contra von koedukativem Unterricht geführt. In den Richtlinien und Lehrplänen für den Sportunterricht sowie in schulgesetzlichen Regelungen reicht die Spannbreite von NRW, das Koedukation im Sportunterricht im Schulgesetz und den Rahmenvorgaben für

---

[43] Vgl. Alfermann (1992: 327).

den Schulsport einfordert, bis Bayern, das solche Vorgaben nicht macht.[44] Entsprechend werden deshalb in Nordrhein-Westfalen 65,8 Prozent der Schülerinnen und Schüler im Sport- und Schwimmunterricht koedukativ unterrichtet, in Bayern dagegen 93,2 Prozent getrenntgeschlechtlich[45].

Die Kulturministerkonferenz hat sich eher distanziert zum koedukativen Sport- und Schwimmunterricht geäußert. Danach soll der koedukative Sport- bzw. Schwimmunterricht nur dann möglich sein, „wenn er pädagogisch, sportfachlich und schulorganisatorisch vertretbar ist".[46]

Die Diskussion um Koedukation wird trotz formaler Gleichstellung durch unterschiedliche Rollenerwartungen an Mädchen und Jungen bzw. Frauen und Männer befeuert. Die Geschlechtsrollen unterliegen weiterhin typisierenden Zuweisungen, die sich in unterschiedlichem Ausmaß auf sie auswirken. Daraus erwächst für die Schulen die Aufgabe, Mädchen und Jungen zu einer kritischen Auseinandersetzung mit geschlechtlichen Zuweisungen zu befähigen, um freie Entfaltung ihrer individuellen Potenziale zu ermöglichen. Reflexive Koedukation heißt in diesem Zusammenhang, dass bei der Gestaltung des Schullebens, des Unterrichts und der Erziehungskonzeptionen der Gender-Aspekt zu berücksichtigen ist. Dieses schließt eine zeitweise Trennung von Mädchen und Jungen zum Zwecke einer entsprechenden Schwerpunktsetzung nicht aus, sie kann vielmehr sinnvoll bzw. notwendig sein.

Dem Wunsch mancher muslimischer Eltern, ihre Töchter vom koedukativen Sport- bzw. Schwimmunterricht befreien zu lassen, liegt das islamische Gebot der Körperbedeckung zugrunde, das in der Koransure 24:30/31 und einem *Hadîth* von Abū Dâwūd grundgelegt ist. Die muslimischen Gelehrten bezeichnen als Schambereich (arab. ʿaura) der Frau den gesamten Körper mit Ausnahme von

---

[44] Vgl. § 2, Abs. 6 des Schulgesetzes von Nordrhein-Westfalen, GV NRW S. 205, i. d. F. vom 05.04.2011: „Die Schule [. . .] achtet den Grundsatz der Gleichberechtigung der Geschlechter und wirkt auf die Beseitigung bestehender Nachteile hin". Und in den Rahmenvorgaben für den Schulsport NRW heißt es unter 1.3 Beiträge des Schulsports zu überfachlichen Aufgaben der Schule: „Insbesondere zu folgenden gegenwärtig bedeutsamen überfachlichen Erziehungsaufgaben kann der Schulsport einen besonderen Beitrag leisten: [. . .] reflexive Koedukation.".

[45] Vgl. Brettschneider (2005: 94). Leider hat die Studie nur sieben Länder einbezogen.

[46] Vgl. Beschluss der Kultusministerkonferenz vom 16.09.2004, Perspektiven des Schulsports vor dem Hintergrund der allgemeinen Schulentwicklung. Auf die andauernde Gültigkeit dieses Aktionsprogramms hat die KMK in einem Beschluss von 2004 hingewiesen.

Gesicht und Händen, wohl aber den Kopfhaaren (nach manchen Rechtsgelehrten auch mit Ausnahme der Füße). Der Schambereich gewinnt nach Auffassung islamischer Rechtsgelehrter erst nach Erreichen der Pubertät Bedeutung.

Wenn Fragen nach Befreiung muslimischer Schülerinnen und Schüler vom koedukativen Sport- bzw. Schwimmunterricht auftauchen, muss die gesetzliche Schulpflicht ggf. einschließlich des Auftrags zur Koedukation unter Berücksichtigung des Toleranzgebotes mit dem elterlichen Erziehungsrecht und dem Schutz von Glaubensüberzeugungen sowie sich hieraus etwa ergebender Bekleidungsvorschriften (Art. 4 Abs. 1 und 2 GG) im Sinne praktischer Konkordanz ausgeglichen werden. Ein Ausgleich kann durch Unterrichtsbefreiung herbeigeführt werden, obwohl sie grundsätzlich im Sinne der Bildungs- und Erziehungsziele der Schule sowie Erfolgen in der individuellen Schullaufbahn der Schülerinnen und Schüler nicht wünschenswert ist.

Erst mit Beginn der Pubertät kann nach der Rechtsprechung des Bundesverwaltungsgerichts im Einzelfall ein Anspruch auf Unterrichtsbefreiung bestehen, wenn ein koedukativ erteilter Sportunterricht für Schülerinnen muslimischen Glaubens im Hinblick auf die von ihnen als verbindlich angesehenen religiösen Bekleidungsvorschriften zu einem Gewissenskonflikt führt.[47]

Beim Schwimmen, aber auch bei anderen Formen des koedukativen Sports, sind die weiterführenden Schulen bei ausdrücklichen Einwänden von Eltern und Schülerinnen zunächst gehalten, den Sportunterricht durch geschickte Organisation (zeitweise) anstelle im Klassenverband in geschlechtshomogenen Übungsgruppen einer Jahrgangsstufe oder auch jahrgangsstufenübergreifend durchzuführen. Ebenso kann eine Sport- oder Schwimmkleidung gestattet werden, die Haar oder Körper weitgehend verdeckt und die Leistungsfähigkeit der Trägerin nicht beeinträchtigt.

Nur dann, wenn einer Schule solche Lösungen aus organisatorischen Gründen nicht möglich sind, können muslimische Schülerinnen einen Anspruch auf Befreiung von der Teilnahme am koedukativen Sport-/Schwimmunterricht geltend machen. Dazu müssen sie in einem Antrag einen objektiv nachvollziehbaren Gewissenskonflikt glaubhaft darlegen. Bei Schülerinnen etwa ab der Jahrgangsstufe

---

[47] Vgl. Urteil des Bundesverwaltungsgerichts vom 25.08.1993, 6 C 8.91.

5 überwiegt dann in der Abwägung ihre Religionsfreiheit gegenüber dem staatlichen Bildungs-/Erziehungsauftrag durch Sport- einschließlich Schwimmunterricht.

Daher sollte die Schule, damit möglichst alle Schülerinnen und Schüler einer Lerngruppe am Sport- bzw. Schwimmunterricht teilnehmen können, ggf. nach Genehmigung durch die Aufsichtsbehörde ab dem 5. Schuljahr einen nach Geschlechtern getrennten Sport- bzw. Schwimmunterricht einrichten. Um Bedenken und Befürchtungen der Eltern muslimischer Schülerinnen und Schüler auszuräumen, ist es zudem oftmals sinnvoll, eine Vertrauensperson der Eltern hinzuzuziehen. Dies gilt insbesondere für die Fälle, in denen die Einrichtung eines nach Geschlechtern getrennten Unterrichts aus schulorganisatorischen Gründen nicht möglich ist. Besondere Kleidung im Sport- und Schwimmunterricht, u. U. auch ein Kopftuch beim Sport, kann gestattet werden, solange die Sicherheit und Leistungsfähigkeit für keine/n der Teilnehmerinnen/Teilnehmer beeinträchtigt wird.

Konflikt „Teilnahme am Sexualkundeunterricht"

Die Tradition der Islamischen Theologie zeigt, dass die Mehrzahl ihrer Vertreter relativ offen mit der schulischen Sexualerziehung umgegangen ist und es auch heute noch tut.[48] Hingegen möchte ein aus der religiösen und kulturellen Tradition kommendes „falsches" Schamgefühl diese Themen ausblenden. Die Islamische Theologie sieht hier jedoch kein grundlegendes Problem, das einen Dispens rechtfertigen würde. Gleichwohl sind Themen wie vorehelicher Sexualverkehr Reizthemen, da sich der Islam am Ideal des Geschlechtsverkehrs in der Ehe orientiert.

Bei der schulischen Sexualerziehung, die i. d. R. als verpflichtende Aufgabe von Schulen AIDS-Aufklärung beinhaltet, besteht regelmäßig kein Eingriff in die Glaubensfreiheit der Schülerinnen und Schüler, da es in diesem Unterricht im

---

[48] Vgl. hierzu Harwazinski (2005). In dieser Arbeit geht die Autorin anhand der Fallbeispiele „Unser Praxishandbuch. Muslimische Kinder in Stuttgarter Tageseinrichtungen für Kinder", „Erziehungsvorstellungen des Instituts für islamische Erziehung, Stuttgart, samt Konflikten muslimischer Schülerinnen und Schüler mit den Zielen einer öffentlichen Sexualkunde in deutschen Schulen" und dem „Pädagogischen Konzept des Halima-Kindergarten e. V. in Tübingen" dezidiert nach, Fällen, die diese Offenheit nicht dokumentieren.

Kern um eine auf Einstellung und Verhalten gerichtete Vermittlung von Wissen und Tatsachen wie z. B. zur Fortpflanzung, Verhütung, Krankheiten etc. geht und nicht um eine religiöse oder weltanschauliche Bewertung dieser Fakten.

Auch ein Eingriff in das elterliche Erziehungsrecht liegt nicht vor, denn auch wenn die Eltern den Unterrichtsinhalten bzw. der Vermittlung von bestimmten biologischen Fakten aus religiösen Gründen ablehnend gegenüberstehen, werden durch die bloße Wissensvermittlung die elterlichen Erziehungsmöglichkeiten im Hinblick auf bestimmte sexuelle Verhaltensweisen nicht beeinträchtigt. Selbst wenn ein Eingriffscharakter des Unterrichts unterstellt würde, wäre der Eingriff gerechtfertigt, da der staatliche Bildungsauftrag gegenüber dem elterlichen Erziehungsrecht insoweit überwiegt: Jungen Menschen „ein Grundwissen über biologische Vorgänge bis hin zu den Möglichkeiten der Krankheits- und Empfängnisverhütung vorzuenthalten [. . .] ist [. . .] mit der Werteordnung des Grundgesetzes und seinem Idealbild des frei und eigenverantwortlich handelnden Menschen unvereinbar".[49] Ein Anspruch auf Befreiung vom Sexualkundeunterricht besteht daher nicht.

Vielmehr stellen nach der Rechtsprechung des Bundesverwaltungsgerichts die den Schulen auf dem Gebiet der Sexualerziehung auferlegten Gebote der Zurückhaltung und Toleranz regelmäßig sicher, dass unzumutbare Glaubens- und Gewissenskonflikte bei Eltern und Schülern nicht entstehen.[50]

---

[49] Vgl. Entscheidungen des Oberverwaltungsgerichts Münster vom 29.03.2006 – 19 A 2705 – sowie des Verwaltungsgerichts Hamburg, NordÖR, 2004, 412, 414; vgl. auch Bundesverwaltungsgericht vom 8. 5. 2008, 6 B 64/07.

[50] Die jüngste Entscheidung hierzu traf das Bundesverfassungsgericht am 07.08.2009. In der Entscheidung stärkte die erste Kammer die Schulpflicht und setzte der Unterrichtsbefreiung von Schülerinnen und Schülern aus religiösen Gründen enge Grenzen. Dem Sexualkundeunterricht dürfen Schülerinnen und Schüler im Regelfall nicht unter Berufung auf Glaubensüberzeugungen fernbleiben, solange die Schule Neutralität und Toleranz gegenüber den erzieherischen Vorstellungen der Eltern wahrt. Der Staat dürfe eigene Erziehungsziele verfolgen, dabei jedoch keine gezielte Beeinflussung in einer politischen, ideologischen oder weltanschaulichen Richtung betreiben. Schulischer Unterricht dürfe sich nicht mit einem bestimmten Glauben oder einer Weltanschauung identifizieren und dadurch den religiösen Frieden in der Gesellschaft gefährden. Diese Grenzen habe die Schule im verhandelten Fall nicht überschritten. Die Religionsfreiheit und ihr Erziehungsrecht geben den Eltern danach keine Handhabe, ihren Kindern die Auseinandersetzung damit völlig zu ersparen. „Denn solche mit dem Schulbesuch verbundenen Spannungen zwischen der religiösen Überzeugung einer Minderheit und einer damit in Widerspruch stehenden Tradition einer anders geprägten Mehrheit sind grundsätzlich zumutbar", heißt es in der Entscheidung (Az.: 1 BvR 1358/09).

Um Konflikte hinsichtlich der schulischen Sexualerziehung im Vorfeld zu vermeiden, sollte eine rechtzeitige Einbeziehung und Information der Eltern erfolgen. So sollten die Eltern vorab über die Inhalte und Methoden des Sexualkundeunterrichts informiert werden.[51] Dies kann im Rahmen von Elternabenden oder Elterngesprächen stattfinden sowie durch entsprechende Elternmitteilungen. Ein mit allen Eltern abgestimmtes Zusammenwirken der Schule in Fragen der Sexualerziehung ist jedoch nicht geboten. Im Unterricht selbst sollte Wert auf einen sensiblen Umgang mit der angewandten Sprache sowie den herangezogenen Medien gelegt werden.

Konflikt „Teilnahme an Klassenfahrten"

Der Konflikt „Teilnahme an Klassenfahrten" hat seinen Ursprung in der altarabischen Vorstellung, dass eine Frau allein, d. h. ohne männliche Begleitung, keine Reise durchführen sollte. Der Kontext dieser Überlieferung macht deutlich, dass hier der Sicherheitsaspekt für die Frau vor dem zeitlichen Hintergrund der Überlieferung im Vordergrund stand. Hingegen ist heute die Sicherheit durch die Gesellschaft im Allgemeinen und durch die Aufsichtspflicht der Lehrkräfte eindeutig geregelt.

Folgender *Hadîth* wird als theologische Begründung herangezogen:

> „Es ist für eine gläubige Frau nicht erlaubt, eine Reise anzutreten, die mehr als drei Tage umfasst, außer sie wird durch ihren Vater, Sohn, Ehemann oder einen sonstigen Verwandten (mahram) begleitet".[52]

---

[51] Vgl. die Schulgesetze der Länder, die die rechtzeitige Information der Eltern bindend vorschreiben.

[52] Vgl. Adel Theodor Khoury 2008: S. 226, Ziffer 2781. Mediale Wellen geschlagen hat insbesondere eine Fatwa des Fiqh-Rates der IRH – Islamische Religionsgemeinschaft Hessen – vom 07. Januar 1998, unterschrieben vom Vorsitzenden Amir Zaidan – ein islamisches Rechtsgutachten –, die sog. „Kamel-Fatwa". Die Fatwa wurde auf Anfrage von drei volljährigen Oberstufenschülerinnen zu einer geplanten zweiwöchigen Klassenfahrt nach Spanien erstellt und hatte folgenden Inhalt: „Eine mehrtägige Reise mit Übernachtung außerhalb der elterlichen Wohnung ist für muslimische Frauen ohne die Begleitung eines Mahram (dieser ist ein naher Verwandter, also der Ehemann, Vater, oder Bruder), nicht erlaubt und verstößt gegen islamische Regeln. Der Gesandte Muhammad sagte im Hadîth: Eine Frau darf nicht die Entfernung einer Tages- und Nachtreise ohne Mahram zurücklegen. Diese Entfernung schätzen die islamischen Gelehrten heutzutage auf ca. 81 km. Gemäß der im Grundgesetz und in der Verfassung des Landes Hessen verankerten Religionsfreiheit ist es deshalb angebracht, muslimische Schülerinnen von der Teilnahme an derartigen schulischen Veranstaltungen freizustellen". Die Fatwa wurde damals von der IRH dem zuständigen Schulamt vorgelegt, jedoch von diesem nicht veröffent-

Zudem stellt sich in muslimischen Familien auch die Frage, ob Speisevorschriften[53] auf Klassenfahrten eingehalten werden und die Jugendlichen auf Alkohol[54] verzichten.

Klassenfahrten, Schulfahrten, Exkursionen, Schulwanderungen etc. sind Schulveranstaltungen und damit Bestandteile der schulischen Bildungs- und Erziehungsarbeit. Sie gewährleisten die freie Entfaltung der Persönlichkeit aller Schülerinnen und Schüler und beeinflussen ihr Sozialverhalten positiv und sind zudem in besonderem Maße gemeinschaftsbildend und stellen in der sozialen Gesamterziehung von jungen Menschen ein besonders geeignetes Mittel dar. Zudem gewinnen die Lehrkräfte einen anderen Zugang zu ihren Schülerinnen und Schülern und können besser auf deren Bedürfnisse eingehen. Gleichwohl können Klassenfahrten mit dem Recht auf Religionsausübungs- und Gewissensfreiheit der Schülerinnen und Schüler sowie dem elterlichen Erziehungsrecht kollidieren.

An Klassenfahrten sollen grundsätzlich alle Schülerinnen und Schüler teilnehmen können. Unstreitig hat die Schule religiöse Vorschriften zu beachten (Vermeiden sexueller Kontakte zwischen Schülerinnen und Schülern, kein Genuss von Schweinefleisch und Alkohol etc.) und bei mehrtägigen Veranstaltungen mit Teilnahme von Schülerinnen eine weibliche Begleitperson zu stellen. Daher be-

---

licht. Es sind von der IRH keine weiteren Fatwas in diesem Sinne mehr bekannt geworden. Der Name „Kamel-Fatwa" wurde durch die Annahme geprägt, dass die Wegstrecke von 81 km gleich der Strecke sei, die ein Kamel an einem Tag zurücklegt. Kurz bevor das Kultusministerium über den Antrag der IRH auf islamischen Religionsunterricht entschied, veröffentlichte Ahmet Senyurt in der taz vom 13. Juli 2000 den Artikel „Bei Kilometer 82 endet die Freiheit", in dem er auch darüber berichtete, dass sich durch die Fatwa zahlreiche muslimische Eltern in ihrem konservativen Erziehungskonzept bestärkt fühlten.

[53] Vgl. Koranvers 2:168–173: „Ihr Menschen! Esst von (alle)dem, was es (an Essbarem) auf der Erde gibt, soweit es erlaubt und gut ist! Verboten hat er euch nur Fleisch von verendeten Tieren (w. Verendetes), Blut, Schweinefleisch und Fleisch, worüber (beim Schlachten) ein anderes Wesen als Gott angerufen worden ist. Aber wenn einer sich in einer Zwangslage befindet, ohne (von sich aus etwas Verbotenes) zu begehren oder eine Übertretung zu begehen, trifft ihn keine Schuld".

[54] Vgl. Koranverse 2:219: „Man fragt dich nach dem Wein und dem Losspiel. Sag: In ihnen liegt eine schwere Sünde. Und dabei sind sie für die Menschen (auch manchmal) von Nutzen. Die Sünde, die in ihnen liegt, ist aber größer als ihr Nutzen" sowie 5:90: „Ihr Gläubigen! Wein, das Losspiel, Opfersteine und Lospfeile sind (ein wahrer) Greuel und des Satans Werk. Meidet es! Vielleicht wird es euch (dann) wohl ergehen" und den Hadîth: „Der Prophet sagte: Alles, was berauscht, ist verboten", zitiert bei Adel Theodor Khoury, a. a.O., S. 385, Ziffer 2876, nach Muslim, Tirmighî.

steht ein Anspruch auf Befreiung von Klassenfahrten unter Berufung auf Art. 4 und Art. 6 GG regelmäßig nicht.

Bei mehrtägigen Klassenfahrten sollten aber von Beginn an alle Eltern an der Planung der Fahrten beteiligt werden. Hilfreich kann z. B. ein Merkblatt sein mit Angaben zu konkreten Zielsetzungen, Orts- und Terminvorstellungen und allgemeinen Hinweisen wie beispielsweise, dass religiöse Vorschriften eingehalten werden und die Unterbringung in beaufsichtigten Räumen für Jungen und Mädchen getrennt erfolgt. Wenn muslimische Eltern dennoch Bedenken gegenüber der Teilnahme ihrer Kinder haben, hat es sich an vielen Schulen bewährt, die Sorgen der Eltern ernst zu nehmen und rechtzeitig mit ihnen über die Gründe für ihre Bedenken zu sprechen, ggf. unter Beteiligung einer Vertrauensperson.

Bei der Suche nach einem schonenden Interessenausgleich sollten möglichst auch Lösungsvorschläge der Eltern einbezogen werden. Auch sollten die Eltern auf die Möglichkeit hingewiesen werden, ggf. als Begleitperson an der Klassenfahrt teilzunehmen.[55] Wenn sich dennoch die Teilnahme für eine einzelne Schülerin oder einen einzelnen Schüler oder deren Eltern als unzumutbar darstellt, so müssen diese rechtzeitig einen begründeten Antrag für den Einzelfall stellen. Gegebenenfalls können sie dann von der Teilnahme durch die Schulleitung befreit werden. In der Regel nehmen sie dann jedoch am Unterricht anderer Klassen teil, um ihre Schulpflicht zu erfüllen.

Nach gelungenen Fahrten können Zusammenkünfte von Lehrern, Eltern und Schülerinnen und Schülern helfen, das Verständnis für die Bedeutung von Klassenfahrten weiter zu fördern und Vorbehalte abzubauen.

Konflikt „Beurlaubung an religiösen Festtagen"

Es gibt zwei Feste, die für alle Muslime eine grundlegende Bedeutung haben: das Opferfest (arab. ʿīd al-aḍḥā, türk. *Kurban bayramı*) und das Fest am Ende des Fastenmonats Ramadan (arab. ʿīd al-fiṭr, türk. *Ramazan bayramı*). Beide Festtage werden in islamischen Ländern mit zwei, meist drei Feiertagen begangen und

---

[55] Dieses darf natürlich nicht zu Widersprüchen mit den Interessen anderer Eltern und Kinder führen. Zudem sind vorher Fragen zu klären, die sich für alle Begleitpersonen etwa aus Bestimmungen des Bundesseuchengesetzes u. a. m. ergeben.

beginnen mit einem Festgebet in den Moscheen, denen als Ort zugleich neben dem religiösen Aspekt auch eine wichtige gesellschaftliche Bedeutung zukommt.

Hieraus ergibt sich der Wunsch der Eltern, die Schülerinnen und Schüler am Festgebet teilhaben und vom Schulunterricht an diesem Tag befreien zu lassen. Allerdings kann die Teilnahme am Festgebet durch Ersatzhandlungen substituiert werden, wenn Gründe vorliegen, das Fasten zu unterlassen. Unverzichtbare oder unaufschiebbare Gründe sind schulische Ansprüche.

Diese hohen Festtage können, was ihre Bedeutung für Muslime anbelangt, mit Ostern und Weihnachten verglichen werden. Die Bedeutung der Festtage kann nicht aus der Schrift selbst mit Zitaten belegt werden, sondern aus der islamischen Tradition und der islamischen Kultur. Da sie in Deutschland nicht als gesetzliche Feiertage anerkannt sind, kommt für einen von muslimischen Schülerinnen und Schülern bzw. deren Eltern ggf. geltend gemachten Dispenswunsch nur eine Beurlaubung aus wichtigem Grund in Betracht. Die Unterrichtsverpflichtung kann an den hohen religiösen Festtagen einen Eingriff in die Glaubensfreiheit der Schülerinnen und Schüler und das Erziehungsrecht der Eltern darstellen, da sie regelmäßig mit religiösen Verpflichtungen verbunden sind, die mit der Unterrichtsverpflichtung an diesen Tagen nicht vereinbar sein können.

Bei jährlich wiederkehrenden einzelnen Festtagen ist davon auszugehen, dass dem Interesse zur Teilnahme an den religiösen Feierlichkeiten gegenüber der Unterrichtsverpflichtung größeres Gewicht zukommt, da ein vereinzeltes Fernbleiben den staatlichen Bildungs- und Erziehungsauftrag nur unwesentlich beeinträchtigt. Bei im Einzelfall und auf Antrag erteilter Unterrichtsbefreiung handelt es sich lediglich um eine Befreiung von der Anwesenheitspflicht. Der Schulpflicht wird in diesem Fall dann Genüge getan, wenn für den Tag der Beurlaubung der versäumte Unterricht von der Schülerin/dem Schüler vor- oder nachgearbeitet wird.

Gleichwohl können dem Anspruch auf Unterrichtsbefreiung Grenzen gesetzt sein, wenn die Schule organisatorische Fragen (etwa Aufrechterhaltung des Unterrichts, Klassenarbeitstermine, Prüfungen, Klassenfahrten etc.) nicht in zumutbarer Weise lösen kann.

Konflikt „Schulische Anforderungen im Ramadan"

Im Ramadan als Fastenmonat der Muslime ist es den Gläubigen untersagt, zwischen Sonnenaufgang und Sonnenuntergang Nahrung oder Getränke zu sich zu nehmen. Religiöse Grundlagen für diese Frage bilden die Koranverse 2:183–185 sowie ein *Hadîth* von Nasăĭ.

Grundsätzlich gilt hier, dass vor dem Erreichen der Pubertät nicht von einer religiösen Verpflichtung der Schülerinnen und Schüler zum Fasten ausgegangen wird. Zudem ist nur derjenige, der das Fasten ohne gesundheitlichen Schaden durchführen kann, an dieses religiöse Gebot gebunden. Und schließlich benennen die Glaubensvorschriften Ersatzhandlungen für das Fasten wie z. B. Spenden, Speisen von Armen und späteres Nachholen des Fastens.

Rechtlich ist es den Schülerinnen und Schülern als Ausdruck ihrer Religionsausübungsfreiheit aus Art. 4 GG unbenommen, auch in der Schule zu fasten und auf Nahrung und Getränke zu verzichten. Gleichwohl haben sie auch im Ramadan die Pflicht daran mitzuarbeiten, dass die Aufgaben der Schule erfüllt und ihr Bildungsziel erreicht werden kann. Mithin müssen sie Einschränkungen ihrer Leistungs- und Konzentrationsfähigkeit vermeiden.

Eltern sollten deshalb zum einen darauf hinwirken, dass ausreichender Schlaf ihrer Kinder auch im Ramadan sichergestellt wird. Zum anderen sollten Kinder vor der Pubertät von den Eltern im Sinne voller Leistungsfähigkeit in der Schule angehalten werden, nicht zu fasten, zumal vor der Pubertät ein religiöses Gebot zum Fasten nicht besteht. Während der Pubertät sollten flexible Lösungen gefunden werden, die die Leistungsfähigkeit der Schülerinnen und Schüler insbesondere bei Klassenarbeiten u. ä. sicherstellen. Unabhängig davon sollten die Schulen bei der Planung und Festlegung von Praktika, Klassenfahrten, Schulfesten u. ä. auch die Zeiten des Ramadan berücksichtigen.

Konflikt „Kopftuchtragen durch muslimische Schülerinnen"[56]

Bereits die Frage, ob die Bedeckung des Kopfhaares durch Musliminnen ein „religiöses Symbol" oder ein religiöses Gebot oder Ausdruck von Religionsfreiheit

---

[56] Vgl. die ausführliche Darstellung der theologischen und rechtlichen Grundlagen in Spenlen (2011: 285–296).

oder von Unterdrückung speziell von Frauen ist, spaltet die theologischen, juristischen und publizistischen Veröffentlichungen: Das Kopftuch ist „religiöse Reiz-
wäsche".[57]

Das aus religiösen Gründen getragene Kopftuch von Musliminnen ist ein Zeichen religiöser Zugehörigkeit, an dem sich dann die Geister scheiden, wenn es in
speziellen Bereichen der Öffentlichkeit, insbesondere bei Bediensteten des Staates und in staatlichen Bildungseinrichtungen, getragen wird. Die „Kopftuchfrage" wird von Vertretern der Mehrheitsgesellschaft vielfach als Gradmesser für
gelungene oder misslungene Integration gewertet, während das Kopftuchverbot
auf muslimischer Seite als Beleg für die ohnehin der Mehrheitsgesellschaft un-
terstellte „Assimilation" angeführt wird.[58] Auf jeden Fall ist die „Kopftuchfrage"
der markanteste religiös-islamische Schulkonflikt. Religiöse Grundlagen bilden
die Koranverse 24:31, 33:53–33:59 sowie *Hadîthe* von Abu-Dawud.

Auch unterscheidet sich die Rechtssituation Kopftuch tragender Lehrerinnen
an öffentlichen Schulen von der religionsmündiger Schülerinnen (und Schülern)
an öffentlichen Schulen. Diesen steht es rechtlich frei, Zeichen ihrer Religionszugehörigkeit zu tragen oder sich religiösen Geboten gemäß zu kleiden, soweit
nicht gewichtige sachliche Gründe entgegenstehen. Von Schule und Elternhaus
muss aber darauf geachtet werden, dass sowohl das Tragen als auch das Nicht-
Tragen eines Kopftuches nicht zu Ausgrenzungen oder einem Rechtfertigungs-
druck auf muslimische Mädchen führt.

Zwar kennt der Islam weitere Bekleidungsvorschriften – so tragen muslimische Frauen vom Kopftuch über den Schleier (*Niqab*) und *Tschador* bis zum
Hidschab und zur *Burka*[59] verschiedene Formen der Bedeckung – , dennoch

---

[57] Vgl. die Überschrift von Thomas Darnstädts Artikel in „Spiegel Special" (2008: 80).

[58] Der Begriff der Assimilation wird im Rahmen der Integrationsdebatte von seriösen Autoren, Medien und Politikern nur im Zusammenhang mit dem Erwerb der deutschen Sprache als „sprachliche
Assimilation" verwendet. Dagegen verwandte der türkische Regierungschef Erdogan am 10.02.2008
in Köln diesen Begriff als Kritik an den Integrationsbemühungen der deutschen Politik und Zivilgesellschaft.

[59] Die in Deutschland verwendeten Begriffe sind nicht eindeutig. So wird unter türkischen Musliminnen der *Hidschab* als *Çarşaf*, unter iranischen Musliminnen und irakischen Schiiten als *Tschador*
getragen. In arabischen Ländern wird der *Dschilbab* mit einem *Niqab* genannten Gesichtsschleier
kombiniert, und in Pakistan und Indien wird die *Parda* getragen.

sind sie bislang – mit Ausnahme der *Kurma*[60] und der *Burka*[61] – nicht Gegenstand öffentlicher Diskussionen und Rechtsverfahren geworden.

Bei der schulfachlichen Lösung der „Kopftuchfrage" ist zu beachten: Nach herrschendem islamisch-theologischen Verständnis handelt es sich bei der Verhüllung des weiblichen Haupthaares ab Eintritt der Geschlechtsreife um ein religiöses Gebot, dessen Befolgung der freien Entscheidung der Frau überlassen bleibt. Ein entsprechendes Gebot vor Eintritt der Geschlechtsreife besteht nach übereinstimmender Auffassung nicht.

Religionsmündigen Schülerinnen und Schülern an öffentlichen Schulen steht es in Ausübung ihres Grundrechts auf freie Religionsausübung aus Art. 4 GG frei, Zeichen ihrer Religionszugehörigkeit zu tragen oder sich religiösen Vorschriften gemäß zu kleiden, soweit nicht gewichtige sachliche Gründe, z. B. die Gewährleistung der Sicherheit im Sportunterricht, entgegenstehen. Das Tragen des Kopftuches kann daher nicht in Schulordnungen, Elternverträgen o. ä. untersagt werden. Für religionsunmündige Kinder gilt, dass das elterliche Erziehungsrecht nach Art. 6 GG grundsätzlich auch umfasst, auf die Bekleidung ihrer Kinder Einfluss zu nehmen und diese mitzubestimmen.

Eine Verhüllung des Gesichts bzw. des ganzen Körpers ist dagegen mit der offenen Kommunikation, die den Unterricht und den Erziehungsprozess in der Schule bestimmt, unvereinbar. In diesen Fällen überwiegt der Erziehungsauftrag des Staates aus Art. 7 Abs. 1 GG gegenüber den Rechten der Schülerinnen und Schüler aus Art. 4 GG sowie den Rechten der Eltern aus Art. 6 GG, sodass eine Untersagung einer Verschleierung des Gesichtes oder Körpers verfassungsgemäß ist.

Im Interesse einer angemessenen Persönlichkeitsentwicklung der Kinder, der eine frühzeitige Betonung der Geschlechterrolle nicht förderlich wäre, sollte in Kitas und Grundschulen das Tragen eines Kopftuches unterbleiben, zumal es auch nach islamischem Verständnis vor der Pubertät nicht als religiöses Gebot

---

[60] *Kurma* bedeutet ursprünglich „Schildkröte" und betont als Bezeichnung für ein Kleidungsstück für Frauen deren vollständige Bedeckung.

[61] An der Bertolt-Brecht-Gesamtschule in Bonn-Tannenbusch wurde am 28.04.06 gegen zwei Schülerinnen der vorübergehende Verweis von der Schule ausgesprochen. Sie waren im Vollschleier (*Burka*) erschienen. Vgl. als exemplarisches Beispiel Kellers (2006).

zu rechtfertigen ist. In diesem Sinne wäre es wünschenswert, wenn auch die islamischen Verbände Eltern von Kindern im vorpubertären Alter entsprechend beraten.

In Anerkennung des grundsätzlichen Rechts von Schülerinnen und Schülern an öffentlichen Schulen, Zeichen ihrer Religionszugehörigkeit zu tragen oder sich religiösen Vorschriften gemäß zu kleiden, sollten sich Schulen und Eltern im Sinne einer Erziehungspartnerschaft und gegenseitiger Toleranz darauf verständigen, Gründe für das Tragen eines Kopftuches offen zu kommunizieren.

Abschließende Gesamtbetrachtung

Eines der zentralen Integrationshindernisse könnte Religionszugehörigkeit zum Islam darstellen[62], die Teil der notwendigen Auseinandersetzung über Toleranz und ihre Grenzen, über das Recht auf kulturelle und religiöse Freizügigkeit, über Identität und Anpassung und über Rechtsbruch und Angstkampagne darstellt.[63] Integration birgt mithin auch die Gefahr einer Polarisierung zwischen der Mehrheits- und der muslimischen Bevölkerung. Eine stereotype Islam-Schablone wirkt dabei ausgrenzend und fördert nicht den Integrationsprozess.

Allerdings sind die meisten Muslime in Deutschland säkularisiert oder wollen unangefochten ihren Glauben leben; sie verstehen den Islam aber sehr unterschiedlich, was den Übergang vom Islam zur politisierten Religion im Sinne von „Islamismus" fließend macht.

Diesen Konflikt spiegeln auch die religiös-islamischen Schulkonflikte wider. Wäre etwa das Kopftuch ein eindeutig und ausschließlich religiöses Symbol, wäre es möglicherweise weder in Deutschland noch in anderen europäischen Ländern Streitthema. Aber gerade Muslime haben immer wieder darauf hingewiesen, dass das Kopftuch auch für eine bestimmte Auslegung des Islam steht, mit einer politischen Botschaft verbunden ist und zunehmend im Islam als Zeichen einer kulturellen Abgrenzung gewertet wird.

Dabei berühren die Schulfragen nicht nur muslimische Migranten und die Aufnahmegesellschaft, sie berühren auch das innerislamische Verständnis. Je-

---

[62] Vgl. Jansen/Nagel (2007).

[63] Der Frage, dass islamische religiöse Normen auch durch das Bürgerliche Recht mittelbare Drittwirkung erzeugen, geht der Aufsatz von Rohe (2007: 801–852) nach.

ne, die für eine Öffnung des Islam sprechen, warnen davor, dass in Deutschland zunehmend Personen und Kräfte Unterstützung suchen, die für einen politischen Islamismus stehen und das Kopftuch als politisches Symbol einsetzen. Sie erinnern daran, dass weltweit viele Musliminnen zum Tragen von Formen des Kopftuches bis hin zur *Burka* unter Androhung von Strafe gezwungen werden und es als Teil einer Unterdrückungsgeschichte der Frau zu sehen ist, die mit dem Grundsatz der Gleichberechtigung von Mann und Frau nicht vereinbar ist. Und die streng religiösen Muslime sehen die „Religion ihrer Väter" in Gefahr.

Die vorgestellten schulpraktischen Lösungen weisen mithin über die Religion hinaus auf die Basis gemeinsamen Zusammenlebens in Deutschland: Der Integrationsprozess besteht aus Annäherung, Auseinandersetzung, Kommunikation, Finden von Gemeinsamkeiten, Feststellen von Unterschieden und der Übernahme gemeinschaftlicher Verantwortung zwischen Muslimen und Mehrheitsbevölkerung. Integration verlangt nicht die Aufgabe der eigenen kulturellen und religiösen Identität. Vielmehr geht es um die Erfahrung, dass eine andere Kultur oder Religion nicht im Widerspruch zur gleichberechtigten Teilhabe an gesellschaftlichen Ressourcen und Prozessen steht.

Einerseits muss die Aufnahmegesellschaft gegenüber Muslimen ein Mindestmaß an Offenheit aufbringen. Soll deren Integration gelingen, ist es erforderlich, sie nicht nur an gemeinschaftlichen Gütern teilhaben zu lassen. Ebenso wichtig scheint es zu sein, ihnen die gemeinsame Basis der Rechts- und Kulturgüter zu erläutern und näher zu bringen und dabei ihre Unteilbarkeit täglich aufs Neue aktiv zu leben. Andererseits sind die Handlungsorientierungen der Muslime für den Integrationsverlauf entscheidend.

Mithin sind schulfachliche wie gesellschaftliche Fragen nicht einfach zu handhaben. Einfache Lösungen, etwa im Sinne eines radikalen Entweder-Oder, erlauben die komplexen Fragen nicht. Vielmehr sind Abwägungen nötig, die die verschiedenen betroffenen Positionen in den Blick nehmen. Das ist im Übrigen auch die verfassungsrechtliche Vorgabe.

So muss die Mehrheitsgesellschaft lernen, zwischen religiös und sozial begründeten Konflikten zu unterscheiden, um eine „Islamisierung" sozialer Probleme zu vermeiden.[64] In jedem Einzelfall ist die Religion einer Person nur ein Merkmal von vielen. Religion als alleiniges Identifikationsmerkmal ist reduktionistisch, häufig unzureichend und als Integration verhindernder Faktor unhaltbar.

Allerdings nehmen Rechtsstellung und Religion – neben den Bereichen Wirtschaft/Arbeit, Bildung/Ausbildung/Sprache sowie Familie/Wohnumfeld – Schlüsselpositionen bei der Integration ein. Die Zivilgesellschaft hat hier insofern einen größeren Spielraum als der Staat (und seine Schulen), als sie solange religiöse Bekundungen in Respekt unterschiedlicher Identitäten und Kulturen akzeptieren kann und nicht als Integration hemmend ablehnen muss, solange damit nicht aktiv gesellschaftliche Abgrenzung betrieben und Kommunikation verhindert wird.

Islamisch-religiöse Fragestellungen dürfen in einem säkularen Rechtstaat – und dem ihm verpflichteten Schulen –, der der Prämisse staatlicher Neutralität folgt, nicht von der Wahrheitsfrage in den Religionen abhängig gemacht werden. Der säkulare Rechtstaat muss vielmehr auf der Grundlage seines demokratischen Selbstverständnisses klären, inwieweit er in einer zunehmend pluralistischen Gemeinschaft die damit verbundene Heterogenität von Lebensentwürfen und Lebensmodellen zulässt, zu der auch der Glaube mit seinen Riten, Verboten und Geboten zählt. Im Zuge dieses Klärungsprozesses ist es andererseits unumgänglich, dass diese Fragen auf dem Hintergrund des im Grundgesetz verbrieften Rechts auf Religionsfreiheit auch theologisch zu begründen sind, was nicht allein mit Verweisen auf einige Koranstellen zu leisten ist.

Muslim sein setzt in Deutschland keine unbegründbaren Regelungen oder Prioritäten in öffentlichen Angelegenheiten voraus. Muslime müssen ihre Perspektiven und Ideen allerdings zumindest im öffentlichen Diskurs rational vertreten, so dass sie auch für Außenstehende verständlich und nachvollziehbar sind. Das Bundesverfassungsgericht hat in diesem Kontext entschieden, dass die „[. . .] Allgemeinheit ein berechtigtes Interesse daran [hat], der Entstehung von religiös oder weltanschaulich motivierten „Parallelgesellschaften" entgegenzuwirken und Minderheiten zu integrieren. Integration setzt dabei nicht nur voraus, dass die Mehrheit der Bevölkerung religiöse oder weltanschauliche Minder-

---

[64] Vgl. hierzu die Analyse von Verhaltensweisen von großen Teilen der Mehrheitsbevölkerung unter dem Einfluss der Ereignisse des 11. September 2001, in Fischer (2006).

heiten nicht ausgrenzt; sie verlangt auch, dass diese sich selbst nicht abgrenzen und sich einem Dialog mit Andersdenkenden und -gläubigen nicht verschließen. Für eine offene pluralistische Gesellschaft bedeutet der Dialog mit solchen Minderheiten eine Bereicherung. Dies im Sinne gelebter Toleranz einzuüben und zu praktizieren, ist eine wichtige Aufgabe der öffentlichen Schule. Das Vorhandensein eines breiten Spektrums von Überzeugungen in einer Klassengemeinschaft kann die Fähigkeit aller Schüler zu Toleranz und Dialog als einer Grundvoraussetzung demokratischer Willensbildungsprozesse nachhaltig fördern".[65]

Die Gesellschaft darf also ein modernes, plurales Islamverständnis und damit zugleich eine Abkehr vom Mainstream-Islam der Imame und Verbände erwarten. Daraus darf nicht abgeleitet werden, dass die Religionen bei gesellschaftlichen (und schulpraktischen) Fragen nicht zu Wort kommen sollen. Im Gegenteil, beides ist geradezu zwingend für die Entwicklung einer Gesellschaft, in der unterschiedliche Religionen gelebt werden, und es ist unverzichtbar für wechselseitige Informationen, Transparenz und Offenheit. Eine erfolgreiche Integrationspolitik muss diesen wechselseitigen Prozess und die mit ihm verbundenen Ängste durch differenzierte und abgestimmte Hilfestellungen fördernd, aber auch fordernd begleiten.

Wenn Integration auf umfassende Teilhabe zielt, müssen von den (muslimischen) Schülerinnen und Schülern sowie deren Eltern alle Möglichkeiten dafür konsequent gesucht und genutzt werden. Dabei werden sie in jedem konkreten Konfliktfall abwägen müssen, ob die Durchsetzung des Rechts auf Religionsfreiheit ggf. die Persönlichkeitsentfaltung der Kinder behindert, weil dadurch die Verwirklichung ihrer gesellschaftlichen und schulischen Ziele erschwert wird. Dabei schafft die eingehende Beschäftigung mit dem religiösen Hintergrund und dem Rechtsrahmen Voraussetzungen zum gegenseitigen Verständnis und zur Vermeidung bzw. Lösung von Konflikten.

Literatur

Alder, Yasin (2006): Hintergrund: Wie löst man Schulprobleme? Die neue IZ-Reihe über den Alltag der Muslime in Deutschland. In: Islamische Zeitung, 20.09.2006. Verfügbar unter: http://www.islamische-zeitung.de/?id = 7661 (05.09.2011).

---

[65] Vgl. Entscheidung des Bundesverfassungsgerichts, 2 BvR 1693/04 in FamRZ 2006, 1094ff.

Alfermann, Dorothee (1992): Koedukation im Sportunterricht. In: Sportwissenschaft 22.3.

Berlin-Institut für Bevölkerung und Entwicklung (Hrsg.) (2009): Ungenutzte Potenziale. Zur Lage der Integration in Deutschland. Verfügbar unter: http://www.berlin-institut. org/fileadmin/user_upload/Zuwanderung/Integration_RZ_online.pdf (05.09.2011).

Brettfeld, Katrin/Wetzels, Peter (2007): Muslime in Deutschland. Integration, Integrationsbarrieren, Religion und Einstellungen zu Demokratie, Rechtsstaat und politisch-religiös motivierter Gewalt. Ergebnisse von Befragungen im Rahmen einer multizentrischen Studie in städtischen Lebensräumen. Verfügbar unter: http://www.bmi.bund.de/cae/servlet/contentblob/139732/publicationFile/14975/Muslime%20in%20Deutschland.pdf (03.09.2011).

Brettschneider, Wolf-Dietrich (2005): DSB SPRINT-Studie. Eine Untersuchung zur Situation des Schulsports in Deutschland. Aachen: Meyer & Meyer.

Bundesamt für Migration und Flüchtlinge (Hrsg.) (2009): Muslimisches Leben in Deutschland. Im Auftrag der Deutschen Islamkonferenz. Verfügbar unter: http://www.bmi. bund.de/SharedDocs/Downloads/DE/Themen/Politik_Gesellschaft/DIK/vollversion_studi e_muslim_leben_deutschland_.pdf?__blob=publicationFile (05.09.2011).

Bundesministerium für Bildung und Forschung (Hrsg.) (2006): Berufsbildungsbericht 2006. Verfügbar unter: http://bmbf.de/pub/bbb_2006.pdf (07.09.2011).

Diefenbach, Heike (2007a): Kinder und Jugendliche aus Migrantenfamilien im deutschen Bildungssystem. Erklärungen und empirische Befunde. Wiesbaden: VS Verlag.

Diefenbach, Heike (2007b): Schulerfolg von ausländischen Kindern und Kindern mit Migrationshintergrund als Ergebnis individueller und institutioneller Faktoren. Verfügbar unter: http://www.bmbf.de/pub/bildungsreform_band_vierzehn.pdf (07.09.2011).

Dollase, Rainer/Heitmeyer, Wilhelm (Hrsg.) (2002): Die bedrängte Toleranz. Ethnisch-kulturelle Konflikte, religiöse Differenzen und die Gefahren politisierter Gewalt. Frankfurt am Main: Suhrkamp.

Fischer, Reinhard (2006): Einbürgerung des Islam als Quadratur des Kreises. In: inamo – Informationsprojekt Naher und Mittlerer Osten e. V. 46.

Gemein, Gisbert (2011): Kulturkonflikte – Kulturbegegnungen. Schriftenreihe der Bundeszentrale für politische Bildung, Band 1062. Bonn.

Gogolin, Ingrid (2008): Förderung von Kindern und Jugendlichen mit Migrationshintergrund FÖRMIG" – ein länderübergreifendes Programm zur Optimierung der Sprachbildung. In: Gesellschaft – Wirtschaft – Politik (GWP) 1, 65–75. Verfügbar unter: http://www.blk-foermig.uni-hamburg.de/cosmea/core/corebase/mediabase/foermig/web site_gogolin/dokumente/publikationen/GogolinGWP_108.pdf (07.09.2011).

Granato, Mona (2004): Feminisierung der Migration – Chancengleichheit für (junge) Frauen mit Migrationshintergrund in Ausbildung und Beruf. Kurzexpertise für den Sachverständigenrat für Zuwanderung und Integration. Verfügbar unter: http://www.bibb. de/dokumente/pdf/a24_feminisierung-migration_04-2004_granato.pdf (04.09.2011).

Harwazinski, Assia Maria (2005): Islami(sti)sche Erziehungskonzeptionen. Drei Fallbeispiele aus Baden-Württemberg. Marburg: Tectum.

Haug, Sonja (2010): Jugendliche Migranten – muslimische Jugendliche. Gewalttätigkeit und geschlechterspezifische Einstellungsmuster. Kurzexpertise für das Bundesministerium für Familie, Senioren, Frauen und Jugend. Verfügbar unter: http://www.bmfsfj.de/RedaktionBMFSFJ/Abteilung2/Pdf-Anlagen/gewalttaetigkeit-maennliche-muslimische-jugendliche,property=pdf,bereich=bmfsfj,sprache=de,rwb=true.pdf (04.09.2011).

Jansen, Mechthild/Nagel, Helga (Hrsg.) (2007): Religion und Migration. Die Bedeutung von Glauben in der Migration. Frankfurt am Main: VAS Verlag.

Kandil, Fuad (2002): Die gesellschaftliche Akzeptanz muslimischer Zuwanderer. Verfestigung der Kulturdifferenzhypothese als Folge des religiösen Fundamentalismus. In: Dollase/Heitmeyer (2002).

Kellers, Rainer (2006): Rektor sieht Schulfrieden gestört. Die Schule, die Burka und der Verweis. Beitrag für WDR.de. Verfügbar unter: http://www1.wdr.de/themen/archiv/sp_integration/integration278.html (07.09.2011).

Khoury, Adel Theodor (Hrsg.) (2008): Der Hadith. Urkunde der islamischen Tradition. 2 Bde. Gütersloh: Gütersloher Verlagshaus.

Klieme, Eckhard/Artelt, Cordula/Hartig, Johannes/Jude, Nina/Köller, Olaf/Prenzel, Manfred/Schneider, Wolfgang/Stanat, Petra (Hrsg.) (2010): PISA 2009. Bilanz nach einem Jahrzehnt. Münster/New York/München/Berlin: Waxmann.

Klinkhammer, Gritt/Malik, Jamal/Reichmuth, Stefan (Hrsg.) (2010): Islam in der Lebenswelt Europa. Bd. 8. Münster: LIT Verlag.

Krech, Volkhard/Hero, Markus/Zander, Helmut (Hrsg.) (2008): Religiöse Vielfalt in Nordrhein-Westfalen. Empirische Befunde und Perspektiven der Globalisierung vor Ort. Paderborn: Schöningh.

Ministerium für Arbeit, Integration und Soziales (MAIS) und Ministerium für Schule und Weiterbildung (MSW) des Landes Nordrhein-Westfalen (Hrsg.) (2003): BUS – Betrieb und Schule. Förderpraktika im letzten Pflichtschuljahr an Hauptschulen, Gesamtschulen und Förderschulen. Düsseldorf.

Pfeiffer, Christian/Kleimann, Matthias/Petersen, Sven/Schott, Tillmann (2005): Migration und Kriminalität. Ein Gutachten für den Zuwanderungsrat der Bundesregierung. (Interdiszipläre Beiträge zur kriminologischen Forschung, Band 27). Baden-Baden: Nomos.

Pfeiffer, Christian/Baier, Dirk/Rabold, Susann/Simonson, Julia/Kappes, Cathleen (2010): Kinder und Jugendliche in Deutschland: Gewalterfahrungen, Integration, Medienkonsum. Zweiter Bericht zum gemeinsamen Forschungsprojekt des Bundesministeriums des Innern und des KFN (KFN-Forschungsbericht 109). Verfügbar unter: http://www.kfn.de/versions/kfn/assets/fob109.pdf (07.09.2011).

Prenzel, Manfred/Artelt, Cordula/Baumert, Jürgen/Blum, Werner/Hammann, Marcus/Klieme, Eckhard/Pekrun, Reinhard (Hrsg.) (2008): PISA '06. Pisa 2006 in Deutschland: Die Kompetenzen der Jugendlichen im dritten Ländervergleich. Münster: Waxmann.

Ringeisen, Tobias/Buchwald, Petra/Schwarzer, Christine (2007): Unterrichtsgestaltung aus interkultureller Perspektive. In: interculture journal 4. Verfügbar unter: http://www.interculture-journal.com/download/article/ringeisen_2007_04.pdf (05.09.2011).

Rohe, Mathias (2007): Islamisierung des deutschen Rechts? In: Juristen Zeitung 17, 801–852.

Spenlen, Klaus (2004): Kinder und Jugendliche mit Migrationshintergrund fördern. In: SchulVerwaltung NRW, Nr. 10/2004, 270ff.

Spenlen, Klaus (2009a): Integration und praktische Konkordanz, Teil I. In: SchulVerwaltung NRW 5, 146–148.

Spenlen, Klaus (2009b): Integration und praktische Konkordanz, Teil II. In: SchulVerwaltung NRW 6, 177–180.

Spenlen, Klaus (2010): Integration muslimischer Schülerinnen und Schüler. Analyse pädagogischer, politischer und rechtlicher Faktoren. In: Klinkhammer/Malik/Reichmuth (2010): Bd. 8.

Spenlen, Klaus (2011): Das Kopftuch – religiöses Symbol oder politscher Ausdruck? In: Gemein (2011): 285–296.

Spiegel Special (2008): Allah im Abendland. Der Islam und die Deutschen.

Wilamowitz-Moellendorf, Ulrich von (2002): Türken in Deutschland II – Individuelle Perspektiven und Problemlagen. Arbeitspapier der Konrad-Adenauer-Stiftung e. V. Verfügbar unter: http://www.kas.de/db_files/dokumente/arbeitspapiere/7_dokument_dok_pdf_201_1.pdf (07.09.2011).

Jungen mit Migrationshintergrund – Verlierer im Bildungssystem?[1]

Marc Thielen

Jungen mit Migrationshintergrund erscheinen gegenwärtig im deutschen Schulsystem in doppelter Hinsicht als benachteiligt. Mit Männlichkeit und nichtdeutscher Herkunft verschränken sich zwei Differenzlinien, von denen bereits eine für sich alleine als Risikofaktor in Bildungsprozessen gilt. Während jedoch Jungen ohne Migrationshintergrund in öffentlichen Debatten in einem Opferdiskurs bemitleidet werden, da ihnen emotional zugewandte Väter und männliches Erziehungspersonal fehlten, werden männliche Migranten durch den Verweis auf ihre Überrepräsentanz in der Kriminalstatistik eher als Täter markiert. Sie erscheinen gegenüber ihren nichtzugewanderten Geschlechtsgenossen als besonders problembehaftet. Nicht nur ihre schulischen Leistungen seien auffallend schlecht, obendrein profilierten sie sich noch signifikant häufiger über ein unangemessenes Sozialverhalten und zeigten sich als betont männlich, aggressiv und gewaltbereit.

Viele Erklärungen für die sozialen Ungleichheiten im deutschen Schulsystem, das neben Kindern und Jugendlichen aus unteren sozialen Schichten insbesondere solche mit Migrationshintergrund benachteiligt, argumentieren einseitig und sind nicht hinreichend belegt. Ein Erklärungsansatz hebt bspw. vornehmlich problematische familiäre Sozialisationsbedingungen wie unzureichende Förderung und Lerngelegenheiten sowie geringe Bildungsaspirationen aufseiten der Eltern hervor[2]. Ergänzend wird bei Migranten auf unzureichende Deutschkenntnisse verwiesen. Hinsichtlich der vermeintlich besonders ausgeprägten Probleme von männlichen Schülern werden zudem geschlechtsspezifische Deutungen diskutiert, welche Jungen mit Migrationshintergrund bspw. ein weniger leistungsori-

---

[1] Leicht modifizierte Fassung des unter dem Titel „Jungen mit Migrationshintergrund in der Schule aus der Perspektive einer lebenslagen- und gendersensiblen Jugendforschung" in „Die Deutsche Schule" (Heft 4/2010) erschienenen Beitrags.

[2] Vgl. Maaz/Baumert/Trautmann (2009).

entiertes Männlichkeitsmodell bescheinigen[3] oder deren Verhaltensauffälligkeiten – etwa mangelnder Respekt gegenüber weiblichen Lehrkräften – als Effekt kultureller Differenz interpretieren[4].

Während solche Diskurse die Ursachen für Benachteiligungen in erster Linie außerhalb des Schulsystems verorten, richten andere Forscher/innen ihren Blick auf die Schule selbst und rekonstruieren institutionalisierte Formen von Diskriminierung, die mit dafür verantwortlich gemacht werden, dass Kinder und Jugendliche mit Migrationshintergrund in höherem Maße von schulischer Selektion betroffen sind[5]. Selektionsentscheidungen treffen auch deshalb häufiger männliche wie zugewanderte Schüler, da diese von Lehrkräften als besonders anstrengend empfunden werden und im *common sense* der Öffentlichkeit ohnehin längst als typische Problemgruppe ausgemacht sind[6]. Ein weiterer Erklärungsansatz thematisiert Passungsprobleme zwischen dem milieuspezifischen Bildungshabitus von Kindern und Jugendlichen und einer mittelschichtiggeprägten Schule, die nicht bewusst intendierte Ausschlusseffekte nach sich ziehen[7]. Einer tendenziell defizitären Sicht auf jugendliche Migranten entgegentretend, interpretiert der vorliegende Beitrag die im Schulalltag oftmals als problematisch erscheinenden Männlichkeitsinszenierungen weniger als kulturbedingt oder familiär tradiert. Demgegenüber werden die biografischen und jugendkulturellen Funktionen jenes „doing masculinity" in den Vordergrund gestellt, das den Jugendlichen die Zugehörigkeit zur Peergroup sichert und zugleich Erfahrungen sozialer Anerkennung eröffnet, die ihnen in anderen sozialen Kontexten versagt bleiben.

Einführend wird zunächst die Bildungsbenachteiligung von männlichen Migranten als Ausdruck binnenmännlicher Unterordnung konkretisiert. Daran anknüpfend wird diskutiert, welchen Anteil das Bildungssystem an der Benachteiligung hat, und dabei die These vertreten, dass die Schule Kindern und Jugendlichen mit Migrationshintergrund wenig dazu verhilft, subjektive Entfal-

---

[3] Zur Kritik vgl. Koch-Priewe et al. (2009).

[4] Vgl. Ellinger (2006).

[5] Vgl. Gomolla/Radtke (2002).

[6] Vgl. Kreienbaum (2009: 30).

[7] Vgl. Kramer/Helsper (2010).

tungsmöglichkeiten zu mobilisieren. Die weiteren Ausführungen beleuchten die in schulischen Kontexten oftmals negativ bewerteten Männlichkeitsinszenierungen der Jugendlichen, die zugleich als Ressource und Risiko in randständigen Lebenslagen interpretiert werden. Vor diesem Hintergrund wird die Schule im vierten Abschnitt als ein sozialer Raum betrachtet, in dem eine randständige Jugend mit einer bürgerlichen Schulkultur in Konflikt gerät. Im Fazit wird nach pädagogischen Konsequenzen jenes Spannungsfeldes gefragt, in dem viele der moralisch aufgeladenen Klagen über männliche Migranten begründet sind.

Junge Migranten als strukturell untergeordnete Männlichkeit im Bildungssystem

Galten Mädchen über lange Zeit als benachteiligt, sind es längst männliche Jugendliche, die als neue Risikogruppe ausgemacht sind. Von „kleinen Jungs und großer Not" ist zu lesen oder gar von einer „Jungenkatastrophe". Nicht nur im Lernen, auch im Verhalten hätten Jungen häufiger Schwierigkeiten als ihre Mitschülerinnen. Männlichkeit scheint generell zu einer prekären Angelegenheit geworden zu sein und so wird seit den 1990er Jahren regelmäßig eine *Krise der Männlichkeit* heraufbeschworen. Schulstatistischen Angaben zufolge haben Mädchen und junge Frauen ihre männlichen Altersgenossen in einigen wesentlichen Aspekten überholt. So sind von den Schülern, die die Schule nur mit einem Hauptschulabschluss verlassen, 56 Prozent männlich. Auf Sonderschulen beträgt der Jungenanteil bundesweit 61 Prozent[8].

Gleichwohl ist Vorsicht bei der Behauptung geboten, Jungen seien generell die Benachteiligten. So wird leicht übersehen, dass auch unter solchen Schülern, die als hochbegabt eingestuft werden, oder die aufgrund herausragender Leistungen Klassen überspringen oder Stipendien erhalten, Jungen überrepräsentiert sind[9]. Beim Übergang in die berufliche Ausbildung zeigt sich zudem, dass die jungen Frauen trotz ihrer besseren schulischen Leistungen schlechter abschneiden als ihre männlichen Altersgenossen. Zudem finden sich Jungen generell gesehen in besser bezahlten Berufen wieder, die auch eher Aufstiegschancen bieten. Insofern sind es am Ende der allgemeinbildenden Schule vor allem junge Migrantin-

---

8 Vgl. Aktionsrat Bildung (2009).
9 Vgl. Koch-Priewe et al. (2009).

nen, die sich als Risikogruppe bezeichnen lassen. Betrachtet man jedoch alleine die Jugendlichen ohne Ausbildungsplatz, so fällt auf, dass Mädchen aufgrund ihrer besseren Leistungen auf weiterführende berufsschulische Angebote (z. B. Berufsfachschulen) zurückgreifen, während Jungen wesentlich häufiger auf berufsvorbereitende Bildungsgänge des Übergangssystems angewiesen sind, in denen keine höheren Abschlüsse erworben werden können.

In Anbetracht der uneindeutigen Daten wird die *Verliererdebatte* um Jungen zunehmend kritisch gesehen und auf die Gefahr verwiesen, dass sozialstrukturelle Ungleichheiten vernachlässigt werden[10]. Nach wie vor haben Kinder der oberen Dienstklasse unabhängig von ihrem Geschlecht im Vergleich zu Arbeiterkindern statistisch gesehen eine fünfmal höhere Chance ein Gymnasium zu besuchen. Während 70 Prozent der deutschen Jugendlichen einen mittleren bis hohen Bildungsabschluss erwerben, sind es bei Migranten weniger als 40 Prozent. Zugleich verlassen Jugendliche mit Migrationshintergrund mit einem Anteil von 18,8 Prozent doppelt so häufig die Schule ohne Abschluss als deutsche Jugendliche[11].

Für eine gendersensible Betrachtung bedeutet dies, dass man nicht einzig das binäre Verhältnis „Jungen" – „Mädchen" betrachten kann, sondern ebenfalls die komplexen *Binnenrelationen* unterschiedlicher Männlichkeiten berücksichtigen muss. Connells Theorie zur hegemonialen Männlichkeit verweist in diesem Zusammenhang auf die Konkurrenz unterschiedlicher Männlichkeitsformen um gesellschaftliche Dominanz. Erfolgreich ist dabei die *hegemoniale Männlichkeit*, d. h. ein spezifischer Typus von Männlichkeit, dem es gelingt, sich in bestimmten historischen und sozialen Kontexten gegenüber Frauen aber auch anderen Typen von Männlichkeit durchzusetzen[12]. Unterschieden werden weitere Formen von Männlichkeit: Mehrheitlich gehören Männer zur komplizenhaften Männlichkeit. Diese zieht einen Nutzen aus der männlichen Dominanz gegenüber Frauen, ohne selbst die Ansprüche der hegemonialen Männlichkeit zu erfüllen. Probleme hingegen haben solche Männer, die den kulturell etablierten Normen von Maskulinität nicht entsprechen und als „unmännlich" gelten (z. B. schwule Männer).

---

[10] Vgl. Kreienbaum (2009).

[11] Vgl. Statistisches Bundesamt (2008).

[12] Vgl. Connell (2006).

Sie werden in aktuellen Modifikationen von Connells Theorie als *marginalisiert* bezeichnet. Eine im Kontext dieses Beitrags besonders relevante Differenzlinie ist die der binnenmännlichen *Unterordnung*, welche über soziale Klasse und weitere, auf Migration verweisende Aspekte wie Hautfarbe, Religion, Herkunft und Kultur organisiert wird[13]. Connells Theorie regt dazu an, Geschlecht systematisch in Verknüpfung mit anderen Machtrelationen zu denken. So erscheinen auch im Schulsystem über Geschlecht hinausgehende Faktoren als entscheidende Risikofaktoren.

Das Bildungssystem als Ort der (Re-)Produktion sozialer Ungleichheit

Die ungleiche Verteilung auf Schulformen korrespondiert mit deutlich schicht- und herkunftsabhängigen Differenzen in Schulleistungen, auf die international vergleichende Studien wie PISA, IGLU und andere verweisen. Im deutschen Schulsystem hat die soziale Herkunft demnach besonders hohe Auswirkungen auf gemessene *Schulleistungen*. Zur Erklärung jener Bildungsbenachteiligung wird oftmals auf einseitig *individuumsbezogene* Argumentationen zurückgegriffen, die vermeintlich migrationsbedingte Defizite wie unzureichende Deutschkenntnisse fokussieren oder auf kulturelle Unterschiede verweisen. Solche Problemdeutungen haben sich jedoch als unzureichend erwiesen.

Längst werden auch das Schulsystem und die diesem inhärenten *institutionellen* Diskriminierungsstrukturen in den Blick genommen, die Migranten insbesondere an schulisch relevanten Statusübergängen, wie der Einschulung, der Überweisung auf Förderschulen sowie der Verteilung auf weiterführende Schulen treffen[14]. Die jeweiligen Selektionsentscheidungen müssen keineswegs in der konkreten Person des Schülers und dessen Lernbiografie und Leistung begründet sein, sondern können ebenso durch Vorurteile von Lehrkräften beeinflusst werden.

Entscheidend ist, dass die schulische *Selektion* bei Schülern mit Migrationshintergrund oft anders begründet wird. Während bei deutschen Jugendlichen

---

[13] Vgl. Budde (2006).

[14] Vgl. Gomolla/Radtke (2002).

psychosoziale Faktoren genannt werden, sind es bei Migranten in der Regel soziokulturelle. Der pädagogische *Blick* auf Migranten ist offensichtlich von vornherein ein anderer als der auf Einheimische. Hierauf verweisen auch Selbstauskünfte von Jungen aus zugewanderten Familien, die den Eindruck formulieren, in der Schule mehr arbeiten zu müssen als andere, um erfolgreich zu sein[15]. Solche Etikettierungsprozesse können sich am Übergang Schule – Arbeit reproduzieren, wenn etwa Betriebe davor zurückschrecken, Migranten einen Ausbildungs- oder Arbeitsplatz anzubieten. Hier besteht zum Teil der Eindruck, Migranten seien geringer qualifiziert. Dass jedoch die tatsächliche Leistung oder die oftmals betonte Sprachkompetenz im Deutschen nur eine untergeordnete Rolle spielen, zeigt sich im Vergleich von jugendlichen Migranten mit und ohne Ausbildungsplatz, die sich weder in der Sprache noch in schulischen Leistungen signifikant unterscheiden[16]. Auch am Übergang Schule – Arbeit sehen sich Migranten der erhöhten Gefahr einer „Sonderpädagogisierung" ausgesetzt, wenn sie berufsvorbereitenden Maßnahmen zugewiesen werden, in denen ihre vermeintlich fehlende Ausbildungsreife behoben werden soll.

Männlichkeit als Ressource und Risiko in schulischen Kontexten

In schulischen Kontexten gelten insbesondere die jugendlichen Männlichkeitsinszenierungen von Migranten aus sozial randständigen Milieus als problematisch. Die Erklärungsversuche zum Verhalten von Schülern mit Migrationshintergrund berücksichtigen nicht immer hinreichend die nachgezeichneten sozialen Unterordnungsmomente, sondern rekurrieren stattdessen zum Teil einseitig auf *kulturelle Differenz.* So deutet bspw. Ellinger durch den Rückgriff auf ein m. E. problematisches Kulturverständnis die Verhaltensauffälligkeiten von jugendlichen Migranten auf Förderschulen als Ergebnis eines Kulturkonfliktes zwischen einer den Migranten pauschal zugeschriebenen Schamkultur und einer Deutschen unterstellten Schuldkultur. Schüler mit Migrationshintergrund hätten dieser Lesart folgend generell eine Orientierung am Konzept der Schamkultur des Herkunftskontextes habitualisiert, durch das disziplinierende Interventionen von weiblichen Lehrkräften als Beschämungen empfunden würden, auf welche

---

[15] Vgl. Koch-Priewe et al. (2009).

[16] Imdorf (2005).

die männlichen Schüler durch chauvinistisches und beleidigendes Verhalten reagierten. In Anbetracht der in den Herkunftskulturen vermeintlich generell untergeordneten gesellschaftlichen Position von Frauen, empfänden es männliche Migranten dieser Interpretation nach als eine Verletzung ihrer Ehre, wenn sie von weiblichen Lehrkräften unterrichtet würden und deren Anweisungen folgen müssten[17].

Die in Ellingers Position deutlich werdende Kultur-Differenz-These scheint fraglich. Auch bei nicht zugewanderten Jugendlichen aus sozial randständigen Lebenslagen lassen sich Männlichkeitsmuster beobachten, in denen Ehre, Kampfbereitschaft und der Dominanz gegenüber Frauen eine wesentliche Bedeutung zukommt. Nach Spindlers Einschätzung werden die Männlichkeitskonstruktionen von Migranten vorschnell kulturalisiert und ethnisiert, wohingegen auf die *sozial randständigen Lebenslagen* der Jugendlichen zu wenig Bezug genommen wird[18]. Erfahrungen sozialer Ausgrenzung spielen jedoch bei problematischen Männlichkeitskonstruktionen (nicht nur von Migranten) eine entscheidende Rolle. Nach Spindler reagieren die von ihr befragten jungen Männer durch den Rückgriff auf die Ressource Männlichkeit – z. B. in Form von körperlicher Gewalt – auf ihre sozial prekäre Lebenssituation. In ähnlicher Weise interpretiert Böhnisch[19] die Orientierung an überhöhten Männlichkeitsidealen als ein eigendynamisches Mittel der Selbstbehauptung durch das sowohl eine Abgrenzung von deutschen Gleichaltrigen als auch gegenüber erwachsenen Autoritäten erreicht werden soll. Die Tendenz zu männlichem Gewalthandeln besteht insbesondere dann, wenn personale und soziale Ressourcen fehlen.

Zweifelsohne können bestimmte männliche Verhaltensweisen schulischen Misserfolg begünstigen. Jedoch ist das Zustandekommen jenes zumeist an die Gleichaltrigengruppe gebundene Verhalten, auf das im nächsten Abschnitt näher eingegangen wird, nicht losgelöst von der Institution Schule selbst zu verstehen. Erst jüngst verweisen Kramer und Helsper[20] wieder darauf, dass die Schule dem *Bildungshabitus* von Kindern und Jugendlichen aus höheren sozialen Milieus

---

[17] Vgl. Ellinger (2006).

[18] Spindler (2007: 131).

[19] Vgl. Böhnisch (2004: 55ff.)

[20] Vgl. Kramer und Helsper (2010).

eher gerecht wird und demgegenüber die milieuspezifischen Handlungsbefähigungen und Kompetenzen von Kindern aus unteren sozialen Schichten wenig wertschätzt. Den Bildungshabitus von Schülern aus bildungsfernen Milieus sehen die Autoren vor diesem Hintergrund durch eine antizipatorische Struktur geprägt, die ein mögliches Scheitern an den schulischen Anforderungen bereits vorwegnimmt. Die Gründe hierfür werden darin gesehen, dass Kinder und Jugendliche aus unteren sozialen Milieus im Falle des Besuchs von höheren Schulformen Bildungsorte aufsuchen und Abschlüsse anstreben, die ihnen tendenziell fremd und unvertraut sind. Entsprechend herrscht bei ihnen das Gefühl vor, am falschen Ort zu sein und nicht dazu zugehören. Konsequenz kann eine Abwendung von der Schule zugunsten einer besonders stark ausgeprägten Orientierung an der Peerkultur sein.

Im Hinblick auf den strukturell erschwerten Bildungsaufstieg von männlichen Migranten erweisen sich diese Überlegungen als äußerst aufschlussreich. So hebt Vera King in ihren Analysen zu Biografien von Bildungsaufsteigern auf die Bedeutung des *Vaters* als der wohl wichtigsten männlichen Bezugsperson für die Jugendlichen ab. Da dessen *Männlichkeit* nicht selten in Anbetracht von niedrig qualifizierter und schlecht bezahlter Arbeit oder Arbeitslosigkeit als „schwach' eingeschätzt wird, erleben die Jugendlichen oftmals den väterlichen Wunsch nach Bildungserfolg als ambivalent. Kommen sie dem Anliegen nach, besteht die Gefahr, den Vater ungewollt zu entwerten und dessen randständige Position durch den eigenen Aufstieg zu bestätigen. Damit einhergehen kann zugleich eine Angst vor sozialer wie emotionaler Distanzierung vom Vater[21].

Schule zwischen randständiger Jugend- und bürgerlicher Schulkultur

Eine wesentliche Ursache für die problematische Sicht auf Jugendliche aus randständigen *Lebenslagen* ist darin zu sehen, dass deren *doing masculinity* im Schulalltag schnell in Konflikt mit einer bürgerlichen *Schulkultur* gerät. Diese setzt implizit einen *Standardschüler* voraus, den Foucault in seiner historischen Rekonstruktion als einen neuen Schülertypus bezeichnet, der auch in größeren

---

[21] Vgl. King (2005).

Gruppen unterrichtet werden kann und daher ein gemäßigtes, an bürgerlichen Tugendvorstellungen orientiertes Verhalten verinnerlichen muss[22]. In ihren alltäglichen Geschlechterinszenierungen laufen jedoch viele Jugendliche diesem bürgerlichen Idealbild zuwider. Neuere Studien beschreiben diesbezüglich eine herkunftsunabhängige *Männlichkeitskultur* an unteren Schulformen. Insofern kommt es gerade in den Schulen der sozialen Randbezirke, wo viele Migranten leben, zu einem anspruchsvollen Nebeneinander zwischen einer spezifischen Jugend- und einer wenig darauf abgestimmten erwachsenen Schulkultur[23]. Die jugendkulturellen Lebenszusammenhänge folgen anderen Funktionslogiken und hegemonialen Männlichkeitsidealen als die Schule. Handlungsweisen, die in der Schule Erfolg sichern, sind meist für die Anerkennung und Zugehörigkeit in der männlichen Gleichaltrigengruppe wenig hilfreich, wenn nicht gar dysfunktional.

Ein zentrales Konfliktfeld resultiert aus den unterschiedlichen *Interaktionsmodi* in Schule und Jugendkultur. Während die Schule abgesehen vom Sportunterricht primär über sprachliche Kommunikation organisiert ist, sind für die Herstellung von Männlichkeit und die Interaktion der Jugendlichen untereinander *körperbetonte* Verhaltensweisen konstitutiv[24]. Diese werden von Seiten der Lehrkräfte nicht nur als störend, sondern schnell auch als tendenziell gewalttätig beurteilt, obwohl sie für die Jugendlichen selbst ganz andere Bedeutungen haben können. Diesen geht es insbesondere um die grundlegende Frage von Inklusion und Exklusion in die männliche Peergroup[25]. Ethnografische Studien zeigen, dass die Zugehörigkeit zur Gleichaltrigengruppe durch ein permanentes *doing gender* bzw. *doing masculinity* im Schulalltag gesichert wird, indem Männlichkeit über körperliche Leistung und Aktion hergestellt wird. In der Institution Schule werden diese Verhaltensweisen für den Schüler schnell zu einem Problem, während sie dem Jugendlichen gleichzeitig Integration in und Zugehörigkeit zu eine(r) Clique sichern. In ihrer Anpassungserwartung übersehen Lehrkräfte leicht, dass die Jungen aus den als störend wahrgenommenen Raufereien, aus Kräftemessen, Mutproben und anderen Körperpraxen männlichkeitsbezogene Selbstpräsentati-

---

[22] Vgl. Foucault (1994).
[23] Vgl. Langer (2008: 271).
[24] Vgl. Tervooren (2007).
[25] Vgl. Budde (2006).

on und Selbstbestätigung generieren, die für die Entfaltung ihrer Persönlichkeit relevant sind.

Konflikte zeigen sich auch auf der sprachlichen Ebene. Die jugendkulturell gepflegte Sprache entspricht nicht der schulisch vorausgesetzten und erwarteten Bildungssprache. Neben der grundsätzlich und längst bekannten milieubedingten Kluft unterschiedlicher *Sprachcodes* bestehen generationsspezifische Differenzen, die aus pädagogischer Sicht schnell moralisch bewertet werden. So gilt der längst nicht mehr nur von Jungs verwendete Sprachjargon, der insbesondere umgangssprachliche mit sexualisierten Ausdrücken kombiniert, als respektlos, rassistisch, sexistisch und homophob. Eindrücklich beschreibt Tertilt[26] solche Sprachspiele in einer türkischen Jugendgruppe und reflektiert diese im Hinblick auf ihre Bedeutung für die binnenmännliche Beziehungsstruktur. Wenngleich die Äußerungen aus einer bürgerlichen Erwachsenensicht befremdlich klingen mögen, sollte nicht vorschnell auf problematische Werthaltungen und Überzeugungen der Jugendlichen geschlossen werden. Vielmehr sind Provokation und Abgrenzung von der Erwachsenenwelt als elementare Merkmale der Jugendphase anzusehen, in der die eigene Männlichkeit noch als unsicher und erst im Entstehen begriffen wird. Zudem lassen sich die Äußerungen als eine bewusste soziale wie ethnische Distanzierung verstehen, die sich auch unter den Jugendlichen selbst beobachten lassen.

Weißköppel[27] verweist in diesem Zusammenhang auf *Selbst-* und *Fremdethnisierungsprozesse* in der Jugendkultur, die dem Gleichheitsdiskurs der Schulkultur in provokanter Weise zuwiderlaufen. So beschimpfen sich Schüler im Schulalltag gegenseitig als „Scheiß Ausländer" bzw. als „Kartoffeldeutsche", obwohl sie in anderen Situationen befreundet sind. In *rituellen Beleidigungen* wie „schwul", was eher für unmännlich und weniger für homosexuell steht, werden soziale Ein- und Ausschlüsse in der Jugendclique reproduziert, die dem schulkulturellen Gemeinschaftsdiskurs vermeintlich entgegenstehen. Wenngleich jene Verhaltensweisen im Kontext Schule als störend empfunden werden, sind sie als gewöhnliche und alltägliche gruppendynamische Jugendphänomene zu betrachten. Zugewanderte Jugendliche können hier ihre nichtdeutsche Herkunft in

---

[26] Vgl. Tertilt (1996).

[27] Vgl. Weißköppel (2001).

Selbstethnisierungsprozessen positiv als eine Ressource nutzen. Die beschriebenen Wortspiele versteht Weißköppel als Ausdruck eines interaktiven Kontaktes und eines vitalen Wettstreits unter den Jugendlichen.

Fazit

Gesellschaftliche Ungleichheiten reproduzieren sich nicht nur im deutschen Bildungssystem, sondern werden durch dessen Strukturen institutionell weiter forciert. Soll mehr Bildungsgerechtigkeit erreicht werden, kann es nicht darum gehen, die Ursachen für die Bildungsbenachteiligungen einseitig bei den benachteiligten, als defizitär markierten Bevölkerungsgruppen zu suchen. Vielmehr muss das Schulsystem kritisch im Hinblick auf seine, bestimmte Lebenslagen und Lebenswelten *exkludierenden Effekte* hin untersucht werden. Männlichkeitstheoretisch heißt dies, dass nicht die vermeintlich problematischen Männlichkeitsinszenierungen von jugendlichen Migranten angeprangert, sondern vielmehr diejenigen gesellschaftlich *hegemonialen Männlichkeitsmuster* rekonstruiert werden müssten, die bestimmte Männlichkeiten stigmatisieren und den so markierten Jugendlichen marginalisierte und untergeordnete Positionen zuweisen. Zudem sind die gesellschaftlichen aber auch institutionellen Bedingungen zu reflektieren, durch die Jugendlichen in randständigen Lebenslagen solche personalen und sozialen Ressourcen vorenthalten werden, die ihnen alternative Männlichkeitsoptionen eröffnen könnten.

Nimmt man die hohe biografische Bedeutung von Jugendkulturen ernst, so besteht die Kunst im Schulalltag offenbar darin, immer wieder ein tragfähiges *Gleichgewicht* zwischen den Ansprüchen der Schul- und denen der Jugendkultur herzustellen. Will die Schule die Jugendlichen, die eben vielfach nicht den bürgerlichen Vorstellungen von Idealschülern entsprechen, für sich und das Lernen gewinnen, muss sie bereit sein, ihren mittelschichtigen Bias zu reflektieren, um Brücken zwischen Jugend- und Schulkultur zu schlagen. Daraus folgt unweigerlich, dass sich die Schule bestimmten Erscheinungen der Jugendkultur und der Lebenslage ihrer Schüler öffnen muss. Sie ist aufgefordert, den Jugendlichen – sicherlich in gewissen Grenzen – ein Recht auf deren Jugendlichkeit zuzugestehen, ohne diese abzuwerten. Gelingt dies der Schule nicht, so droht sie zu einem ausschließlich negativ besetzten Zwangsort zu werden, der den jugendlichen Migranten fremd bleibt. Hierzu trägt auch die immer wieder diskutierte Forderung bei, auf dem Pausenhof nur Deutsch zuzulassen. Den Jugendlichen wird damit signalisiert, dass sie in ihrem Sosein nicht erwünscht sind – weder als Jugendliche, noch als Migranten einer bestimmten sozialen, ethnischen und sprachlichen Herkunft. Schule könnten sie demnach nur schwer als ihren Ort wahrnehmen. Es bliebe der Ort der anderen: Der weißen, mittelschichtigen und meist sozial abgesicherten Erwachsenen, die aus der Perspektive der jungen Leute wenig von deren Sorgen verstehen. Lehrkräfte sollten sich also weniger um die vermeintlich kulturelle Andersartigkeit ihrer Schüler kümmern, als um die Reflexion des eigenen Standpunktes, von dem heraus sie die „Anderen' als „fremd' betrachten. Dies bedeutet auch, die Ressourcen von Migranten, wie beispielsweise Mehrsprachigkeit, anzuerkennen oder deren Lebenswelten stärker in der Schulentwicklung zu berücksichtigen. Wenn Migranten den Eindruck haben, als Migranten anders – womöglich im Sinne von schlechter – wahrgenommen, behandelt und bewertet zu werden, wird dies weder ihre Lernmotivation steigern, noch ihre Bereitschaft fördern, Ansprüche der Jugendkultur gegenüber denen der Schule zurückzustellen.

Literatur

Aktionsrat Bildung (2009): Geschlechterdifferenzen im Bildungssystem. Die Bundesländer im Vergleich. Fakten und Daten zum Jahresgutachten 2009. München: Druck & Medien Schreiber.

Aulenbacher, Brigitte/Bereswill, Mechthild/Löw, Martina/Meuser, Michael/Mordt, Gabriele/Schäfer, Reinhild/Scholz, Sylka (Hrsg.) (2006): FrauenMännerGeschlechterforschung. State of the Art. Münster: Westfälisches Dampfboot.

Bereswill, Mechthild/Meuser, Michael/Scholz, Sylka (Hrsg.) (2007): Dimensionen der Kategorie Geschlecht: Der Fall Männlichkeit. Münster: Westfälisches Dampfboot.

Böhnisch, Lothar (2004): Männliche Sozialisation. Eine Einführung. Weinheim u. München: Juventa.

Budde, Jürgen (2006): Inklusion und Exklusion. Zentrale Mechanismen zur Herstellung von Männlichkeit zwischen Schülern. In: Aulenbacher et al. (2006): 218–227.

Budde, Jürgen/Mammes, Ingelore (Hrsg.) (2009): Jungenforschung empirisch. Zwischen Schule, männlichem Habitus und Peerkultur. Wiesbaden: VS Verlag.

Connell, Rayen (vormals Robert W.) ([3]2006): Der gemachte Mann. Konstruktion und Krise von Männlichkeiten. Wiesbaden: VS Verlag.

Ellinger, Stephan (2006): Zur Bedeutung von Scham- und Schuldkultur bei Migrationshintergrund in der Schule. Ergebnisse einer empirischen Studie nach der Grounded Theory. In: Sonderpädagogische Förderung 51. 4. 397–421.

Foucault, Michel (1994): Überwachen und Strafen. Die Geburt des Gefängnisses. Frankfurt am Main: Suhrkamp.

Gomolla, Mechthild/Radtke, Frank-Olaf (^{2}2002): Institutionelle Diskriminierung. Die Herstellung ethnischer Differenz in der Schule. Opladen: Leske u. Budrich.

Imdorf, Christian (2005): Schulqualifikation und Berufsfindung. Wie Geschlecht und nationale Herkunft die Berufsbildung strukturieren. Wiesbaden: VS Verlag.

King, Vera (2005): Bildungskarrieren und Männlichkeitsentwürfe bei Adoleszenten aus Migrantenfamilien. In: King/Flaake (2005): 57–76.

King, Vera/Flaake, Karin (Hrsg.) (2005): Männliche Adoleszenz. Sozialisations- und Bildungsprozesse zwischen Kindheit und Erwachsensein. Frankfurt am Main: Campus.

Koch-Priewe, Barbara/Niederbacher, Arne/Textor, Annette/Zimmermann, Peter (2009): Jungen – Sorgenkinder oder Sieger? Ergebnisse einer quantitativen Studie und ihrer pädagogischen Implikationen. Wiesbaden: VS Verlag.

Kramer, Rolf-Torsten/Helsper, Werner (2010): Kulturelle Passung und Bildungsungleichheit – Potenziale einer an Bourdieu orientierten Analyse der Bildungsungleichheit. In: Krüger et al. (2010): 101–125.

Kreienbaum, Maria Anne (2009): Die aktuelle „Jungen-Debatte" – bildungspolitisch gewendet. In: Budde/Mammes (2009): 25–33.

Krüger, Heinz-Hermann/Rabe-Kleberg, Ursula/Kramer, Rolf-Torsten/Budde, Jürgen (Hrsg.) (2010): Bildungsungleichheit revisited. Bildung und soziale Ungleichheit vom Kindergarten bis zur Hochschule. Wiesbaden: VS Verlag.

Langer, Antje (2008): Disziplinieren und entspannen. Körper in der Schule – eine diskursanalytische Ethnographie. Bielefeld: Transcript.

Maaz, Kai/Baumert, Jürgen/Trautwein, Ulrich (2009): Genese sozialer Ungleichheit im institutionellen Kontext der Schule: Wo entsteht und vergrößert sich soziale Ungleichheit? In: Zeitschrift für Erziehungswissenschaft. Sonderheft 12, 11–46.

Spindler, Susanne (2007): Im Netz hegemonialer Männlichkeit: Männlichkeitskonstruktionen junger Migranten. In: Bereswill/Meuser/Scholz (2007): 118–135.

Statistisches Bundesamt (2008): Bildung und Kultur. Allgemeinbildende Schulen. Fachserie 11, Reihe 1, Schuljahr 2007/08. Wiesbaden.

Tertilt, Hermann (1996): Turkish Power Boys. Ethnographie einer Jugendbande. Frankfurt am Main: Suhrkamp.

Tervooren, Anja (2007): Männlichkeiten und Sozialisation. Die allmähliche Verfestigung der Körper. In: Bereswill/Meuser/Scholz (2007): 84–100.

Weißköppel, Cordula (2001): Ausländer und Kartoffeldeutsche. Identitätsperformanz im Alltag einer ethnisch gemischten Realschulklasse. Weinheim u. München: Juventa.

Bildungsbarrieren und Weiterbildungsbedarf von Menschen mit Zuwanderungsgeschichte

Heiner Barz

Die Bedeutung von Weiterbildung im Gesamtkontext des Bildungsgeschehens wird noch immer häufig – allen Beschwörungen des lebenslangen Lernens zum Trotz – übersehen. Ihr gilt deshalb das Interesse in diesem letzten Beitrag zur Vortragsreihe „Migration und Bildung". Nach einer kurzen Skizze zur allgemeinen Entwicklung der Weiterbildungsbeteiligung werden die Teilnahme und die Probleme von Migranten im Bereich der Weiterbildung angesprochen. Es folgt die Vorstellung einer von mir mitbegründeten Forschungstradition, die unter dem Namen „Soziale Milieus und Weiterbildung" firmiert. In einem kleinen Exkurs wird beleuchtet, inwieweit Weiterbildung – ein vielschichtiges Feld, zu dem beispielsweise auch die Familien- und die Elternbildung gehören – im Diskurs zum Thema Migration und Bildung eine Rolle spielt. In der Debatte um Integration, bei der der Sprachförderung eine ganz wesentliche Rolle zukommt, ist der Blick oftmals verengt und lediglich das System Schule sowie die vorschulische Bildung werden fokussiert. Dabei wird außer Acht gelassen, dass auch im Bereich der Erwachsenenbildung noch wichtige Schlüsselqualifikationen erworben werden können, die für eine gelingende Integration entscheidend sind – gerade wenn es um Elternarbeit und Familienbildung geht. Abschließend soll mit besonderem Augenmerk auf die Population der Migranten noch einmal der Bogen zurück zum Milieu-Modell geschlagen werden.

Erst in den 1960er und frühen 1970er Jahren rückte der Bereich der Weiterbildung verstärkt ins Bewusstsein bildungspolitischer Akteure. Vor dem Hintergrund einer zunehmend schnelllebigen Gesellschaft, in der Wissen in immer kürzerer Zeit verfällt, erworbene Schul-, Bildungs- und Berufsabschlüsse ständiger Nachbesserung, immer häufigerer „Updates" bedürfen und das Lernen auch im Erwachsenenalter nicht zum Erliegen kommen darf, erschien der umfassende Ausbau von Weiterbildungsangeboten als unumgängliche Maßnahme und es wurde seither viel investiert.

Volkshochschulen, kirchliche Bildungswerke, gewerkschaftliche und politische Bildungsträger erlebten einen ungeheuren Aufschwung – in den 1970er Jahren erreichte der massive Ausbau von Erwachsenenbildungsangeboten seinen historischen Höhepunkt. Infrastrukturen wurden mit politischer Unterstützung ausgebaut, Weiterbildungsgesetze in den einzelnen Bundesländern neu erlassen und für Erwachsene so die Möglichkeit geschaffen, an vielfältigen Bildungsmaßnahmen zu bezahlbaren Preisen und teilweise kostenlos teilzunehmen.

Doch haben sich all die Anstrengungen gelohnt? Werden die zahlreichen Bildungsangebote tatsächlich genutzt? Und sind sie rentabel?

Weiterbildungstrends in Deutschland

Mit dem „Berichtssystem Weiterbildung" (BSW) erfolgt alle drei Jahre eine Bestandsaufnahme der Weiterbildung(strends) in Deutschland, die einen Überblick über die Weiterbildungsteilnahme – differenziert nach Branchen, Lebensalter, Geschlecht, verschiedenen Beschäftigungsverhältnissen usw. – bietet. Einige wesentliche Entwicklungen sollen im Folgenden skizziert werden.

Vom Ende der 1970er bis Ende der 1990er Jahre erlebte die Teilnahme an Weiterbildungsangeboten einen weitgehend kontinuierlichen Aufschwung, der 1997 mit einer Beteiligung von 48 Prozent aller 19- bis 64-Jährigen seinen vorläufigen Höhepunkt erreichte (die Erhebung erfolgte jeweils anhand der Frage: „Haben Sie im Laufe der letzten zwölf Monate an einer Weiterbildungsveranstaltung teilgenommen?"). Schuld am dann folgenden Einbruch – der nicht nur die Teilnahmequoten, sondern auch den zu diesem Zeitpunkt bereits rückläufigen Ausbau der Maßnahmen betraf – mögen einerseits wirtschaftliche Rahmenbedingungen gewesen sein, andererseits aber auch eine gewisse Skepsis in Bezug auf die Relevanz und den Nutzen von Weiterbildung. Denn vieles von dem, was man sich von den zahlreichen Angeboten versprochen hatte, war nicht eingetreten, der erhoffte Erfolg blieb aus. Besonders im Bereich der Industrieunternehmen breitete sich Misstrauen aus und man verlangte zunehmend nach Evaluationen und Erfolgskontrollen und stellte kritische Fragen nach der Relation von In- und Output: Was investiert mein Unternehmen in Weiterbildung und was ist der Ertrag? Haben die Mitarbeiter, die ich freigestellt, für die ich ein teures Seminar, evtl. Reisekosten und Unterkunft bezahlt habe, wirklich etwas Entscheidendes gelernt? Bringen sie etwas mit, das dem Unternehmen dienlich ist?

Die Überprüfung eben dieser Kriterien erfolgt heute wesentlich strenger und die Angebote werden inzwischen schrittweise nachgebessert – vor allem im Blick auf die sogenannte Transfersicherung, also die Verbesserung der Umsetzungsperspektiven im Berufsalltag. Die Quote der Weiterbildungsteilnahme – auch wenn sie insgesamt um einige Prozentpunkte gesunken ist – hat sich seit Ende der 1990er Jahre konstant bei über 40 Prozent gehalten. Ein Wert, der als durchaus hoch zu bewerten ist, wenn man berücksichtigt, dass mehrjährige Meisterlehrgänge in der Statistik genauso erfasst werden, wie der einmalige Besuch eines Volkshochschulvortrags.

Die Teilnahme an organisierten Weiterbildungsveranstaltungen, wie etwa Meisterlehrgängen oder Volkshochschulseminaren, ist jedoch nur die eine Seite der Medaille. In den letzten 15 Jahren ist auch das informelle (Selbst-)Lernen verstärkt in den Fokus wissenschaftlicher Aufmerksamkeit gerückt. Man hat festgestellt, dass wirklich praxisrelevantes Wissen, das den Horizont alltagspraktischer Handlungsmöglichkeiten erweitert und das man von Fortbildungen, Seminaren, Kongressen usw. „mit nach Hause nimmt", vor allem bei Gesprächen in der Kaffeepause erworben wird. Diese Art des „zufälligen Lernens" ereignet sich gewissermaßen dauernd, ohne dass man es bewusst wahrnimmt – beim Lesen eines Buches, beim Fernsehen, beim Googlen oder eben beim aktiven Austausch mit anderen. Es wird zunehmend als Quelle für Wissenszuwachs und Kompetenzgewinn anerkannt und findet seit einiger Zeit verstärkt Beachtung in der Weiterbildungsforschung.

Das nicht formal organisierte Lernen stellt eine wichtige Ergänzung zur formalisierten Weiterbildung in den Erhebungen zur Teilnahme dar. Bezieht man diejenigen in die Statistik der Weiterbildungsteilnehmer mit ein, die angeben, von informellem Lernen dieser Art profitiert oder ihre Kompetenzen durch Selbstlernaktivitäten, z. B. in Form eines eigenständig bearbeiteten Sprachkurses erweitert zu haben, gelangt man zu einer weitaus höheren Quote Lernaktiver, die 2007 mit 72 Prozent rund drei Viertel der Bevölkerung im relevanten Alter (19–64 Jahre) umfasste (vgl. Abb. 1). Die Differenz von gut 20 Prozentpunkten macht

Teilnahmequoten 2003 und 2007 – nach einbezogenen Formen der Weiterbildung

%   Basis: alle 19-64Jährigen

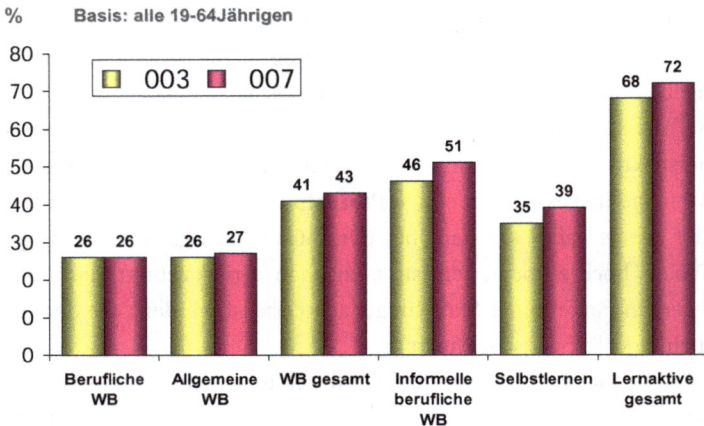

Abb. 1: BSW: Erweiterte Quote der Weiterbildungsteilnahme   Quelle: BMBF (2008: 21)

deutlich, dass die Ergänzung der formalisierten Weiterbildung um das sogenannte informelle Lernen heute eine nicht zu vernachlässigende Perspektive liefert.

Das Modell der sozialen Milieus

Mitte der 1990er Jahre haben mein Kollege Rudolf Tippelt und ich begonnen, die Weiterbildungslandschaft aus Teilnehmersicht genauer unter die Lupe zu nehmen. Nach ersten Erhebungen in Freiburg und München hatten wir das Glück, eine große, vom Bundesministerium für Bildung und Forschung finanzierte Studie durchführen und den bundesdeutschen Weiterbildungsbedarf ermitteln zu können[1]. In einem zweiten Schritt ermöglichte dieses Projekt eine zielgruppenorientierte Optimierung der untersuchten Weiterbildungsangebote in Zusammenarbeit mit entsprechenden Partnereinrichtungen.

Wesentliche Grundlage der Erhebungen – insbesondere der Evaluation und anschließenden Optimierung der Weiterbildungsangebote – waren die Lebensweltforschung und das sogenannte Sinus-Milieumodell, mit dessen Hilfe bestimmte Zielgruppen sowie ihre spezifischen Bildungserwartungen und -bedürfnisse genauer spezifiziert werden können.

---

[1] Vgl. Barz/Tippelt (2004–2009).

94

Das vom Sinus-Institut konstruierte Modell der sozialen Milieus geht davon aus, dass sich Menschen in einer Gesellschaft nicht nur durch Einkommen, Bildungsgrad oder Berufsstatus unterscheiden, sondern vor allem durch ihre grundsätzlichen Wertorientierungen und ihre alltagsästhetischen Präferenzen. Es geht damit über das klassische Schichtmodell und die darin implizierte ausschließlich sozioökonomische Unterscheidung in Unter-, Mittel- und Oberschicht hinaus und rückt die Konstruktion subjektiver Landkarten, individueller Lebenseinstellungen und Ziele von Menschen in den Fokus. Präferiert eine Person z. B. das Motto „leben um zu arbeiten", weil Berufsarbeit als sinnstiftend und erfüllend erlebt wird, oder ist umgekehrt Arbeit nur ein notwendiges Übel um das Leben zu genießen? Welche Rolle spielen Prestige und Statussymbole? Welchen Anteil haben Freizeit, Genuss und Entspannung an der Lebensgestaltung? Welchen Raum nimmt die Familie ein?

Entlang solcher und ähnlicher Differenzierungslinien wurde das Milieu-Modell konstruiert, anhand dessen Menschen in modernen Gesellschaften voneinander unterschieden und in verschiedene gesellschaftliche Segmente, die sozialen Milieus, gruppiert werden können.

Die aktuelle Fassung des Milieumodells basiert auf dem letzten Update im Jahr 2010 (Abb. 2). Mit der regelmäßigen Modifikation des Modells wird den gesellschaftlichen Entwicklungstrends Rechnung getragen. Das Modell, das unseren Forschungs- und Entwicklungsprojekten im Bereich der Weiterbildung zugrunde lag, blieb mit geringfügigen Anpassungen der quantitativen Größenverhältnisse für die Jahre 2001 bis 2010 stabil.

Auch im Kontext von Bildungsfragen stellt das Sinus-Modell ein höchst anregendes Ordnungsschema dar. In Bezug auf die Weiterbildungsteilnahme lässt sich mit Hilfe des Modells beispielsweise bestimmen, welche Angebote von den Angehörigen der verschiedenen gesellschaftlichen Segmente in welchem Umfang genutzt werden. So akquiriert die Volkshochschule ihre Kundschaft z. B. zum Großteil aus den eher traditionsverwurzelten Milieus und der bürgerlichen Mitte, erreicht aber vergleichsweise wenige Menschen in den modernen und gehobenen Segmenten sowie im konsum-materialistischen Milieu (vgl. Abb. 3).

Die Sinus-Milieus® in Deutschland 2010

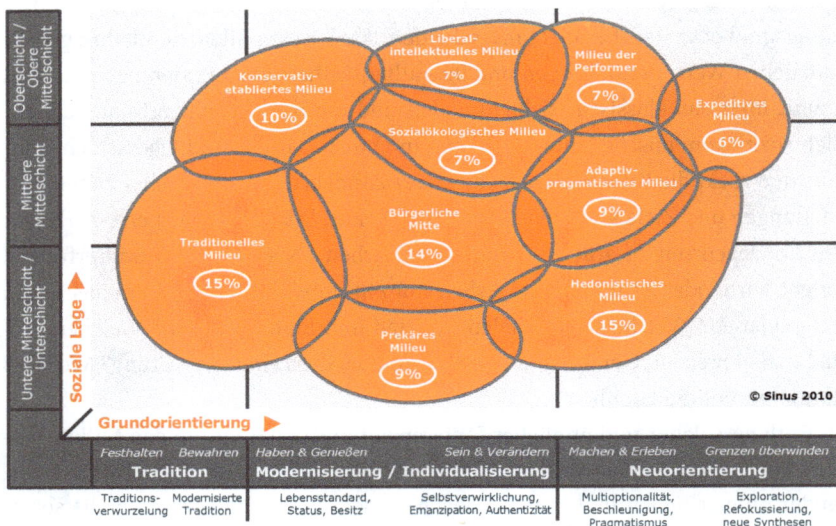

Abb. 2: Die Sinusmilieus® in Deutschland 2010

Quelle: Sinus Markt- und Sozialforschung GmbH (2010)

Migranten im deutschen Bildungssystem

Ähnlich instruktive Informationen über die Bildungsinteressen und das Bildungs-
verhalten liegen für den Bereich der Menschen mit Migrationshintergrund bislang nicht vor. Und wir wissen inzwischen, dass die Gruppe der Menschen mit
Migrationshintergrund noch einmal deutlich größer – nämlich annähernd doppelt so groß – ist wie die Gruppe der Ausländer in der BRD. Während der Anteil der Ausländer im Jahr 2005 bei 8,9 Prozent lag, zählte der Mikrozensus 18,6
Prozent Menschen mit Migrationshintergrund. Und es ist inzwischen auch zu
Recht ins Bewusstsein gerückt, dass Bildung im Allgemeinen und Erwachsenen-
bzw. Weiterbildung im Speziellen ein ganz wesentliches Scharnier bezüglich der
Integration von Migranten in unsere Gesellschaft darstellt. Dennoch liegt die
Teilnahmequote von Migranten an Erwachsenenbildungsveranstaltungen deutlich unter der für die deutsche Bevölkerung üblichen und gerade mit der Eltern-
und Familienbildung sprechen wir ein Teilgebiet der Weiterbildung an, das von

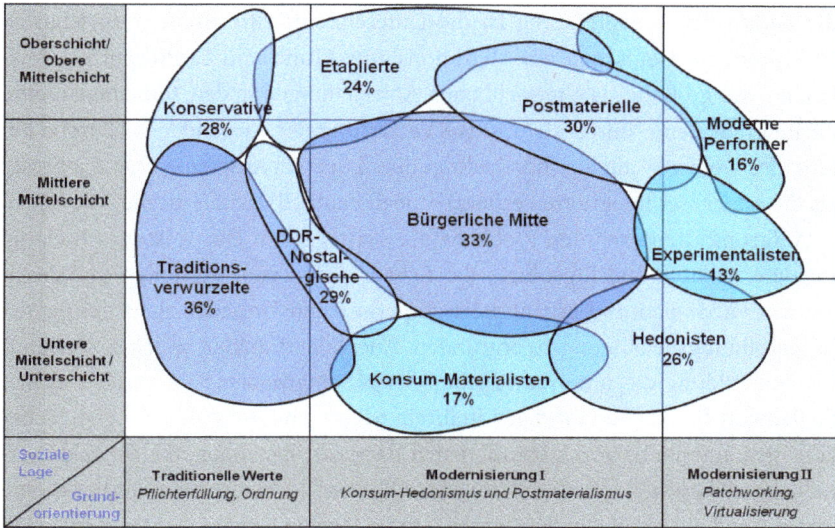

Abb. 3: Teilnahmequoten in der Allgemeine Weiterbildung: VHS

Quelle: Barz/Tippelt (2007: 25)

Migranten in noch geringerem Maße genutzt wird – und das obwohl Bildungsangebote dieser Art den Integrationsprozess wesentlich unterstützen könnten.

Einige wenige Daten in dieser Hinsicht liefert das Berichtsystem Weiterbildung (BSW) bzw. seit 2007 das BSW-AES (Adult Education Survey). Dabei müssen allerdings stichprobenbedingte Einschränkungen in Kauf genommen werden: Zum einen werden nur diejenigen Ausländer befragt, deren Deutschkenntnisse für ein mündliches Interview ausreichen; zum anderen können aufgrund
der geringen Fallzahlen (Ausländeranteil an der Gesamtstichprobe: sieben Prozent) keine differenzierenden Analysen nach Nationalitäten, Aufenthaltsdauer,
Bildungsabschlüssen o. ä. vorgenommen werden. Die Teilnahme an Weiterbildung liegt bei Ausländern demnach auf deutlich niedrigerem Niveau als bei
Deutschen. 2007 – also im letzten Berichtsjahr, für das Daten vorliegen – betrug die Teilnahmequote an Weiterbildung bei Deutschen ohne Migrationshintergrund 44 Prozent, bei Deutschen mit Migrationshintergrund 34 Prozent.[2] In

---

[2] Ganz ähnlich stellt sich die Situation z. B. in Österreich dar, vgl. Sprung (2008).

97

der beruflichen Weiterbildung ist die Differenz mit 28 Prozent (Deutsche) zu 20 Prozent bei Deutschen mit Migrationshintergrund und 18 Prozent bei Ausländern am größten[3]. Die tatsächlichen Abweichungen in den Teilnahmequoten dürften indessen – durch die positive Verzerrung der Ausländer-Stichprobe bedingt (es werden – allein schon bedingt durch Sprachbarrieren – eher die besser als die schlechter integrierten erfasst) – noch deutlich darüber liegen.

Aufgrund der genannten Probleme der vorliegenden Daten ist es schwierig, Innenperspektive und Eigenlogik der Lebenswelten von Migranten und damit die motivationalen und organisatorisch-praktischen Ursachen ihrer geringeren Weiterbildungsbeteiligung zu ergründen. Auch bleibt unklar, welches Verständnis von Bildung die unterschiedlichen Migrantengruppen haben und welchen Stellenwert Bildungserfahrungen in ihrem Selbst- und Weltbild erlangen. Sicher lässt sich eine Reihe von institutionellen Barrieren benennen, die die Bildungsteilhabe und auch die Weiterbildungsbeteiligung von Menschen mit Migrationshintergrund einschränken. Die einschlägigen Mechanismen und Strukturen sind hinlänglich dokumentiert.

Immer wieder zeigen sich Bildungsbenachteiligungen auch in Erhebungen zu Schulleistungen, bei denen Kinder aus Migrantenfamilien deutlich schlechter abschneiden als ihre deutschstämmigen Altersgenossen[4]. Sie besuchen weitaus häufiger eine Haupt- oder Sonderschule, haben häufiger keinen Schul- oder Berufsabschluss und erlangen seltener die Hochschulreife. Die Forschung, die sich früher auf Probleme der Ausländerpädagogik, heute auf interkulturelle Inklusion und Integration konzentriert, fokussiert bislang stark den Bereich der Schule. Meist stehen schulische Integration, schulische Sprachförderung etc. im Fokus des wissenschaftlichen Interesses. Ohne Zweifel sind Fördermaßnahmen im schulischen Bildungsbereich wichtig. Effektive Wirksamkeit entfalten können sie aber vor allem dann, wenn sie mit anderen Maßnahmen verknüpft werden, die sich z. B. auf die Eltern oder das häusliche Umfeld der Kinder beziehen.

Anhand einiger Daten möchte ich diese Problematik verdeutlichen: So erscheint unter anderem der Aspekt der Mediennutzung relevant, wenn es um

[3] BMBF, BSW-AES X (2008: 78).
[4] Vgl. Stanat (2010).

Bildungsnachteile von Kindern mit Migrationshintergrund geht. Betrachtet man beispielsweise die Zeitdauer – gemessen in Minuten –, die ein Kind an einem durchschnittlichen Schultag mit Medien verbringt, zeigt sich, dass die Zeit, in der sich ausländische Jungen (in der hier herangezogenen Studie liegt noch das „Deutsche-Ausländer-Modell" zugrunde) mit Fernsehen und PC- bzw. Videospielen beschäftigen, mit gut 230 Minuten pro Tag deutlich über dem Wert deutscher Jungen (etwa 160 Minuten pro Tag) liegt[5]. Zwar wird die Frage der Schädlichkeit von Medien in Kinderzimmern nach wie vor kontrovers diskutiert, der Forschungsstand kann jedoch insoweit bilanziert werden, als dass ein starker Medienkonsum nicht unbedingt zu einer kreativen und bezüglich schulischer Bildungsinhalte förderlichen Sozialisation beiträgt.

Eine weitere Problematik, die immer wieder in der Diskussion über die Kinder und Jugendlichen mit Migrationshintergrund auftaucht, liegt in einer erhöhten Gewaltbereitschaft. Der Direktor des Kriminologischen Forschungsinstituts Niedersachsen (KFN), Prof. Christian Pfeiffer, beschäftigt sich seit Jahren mit Gewalt bei Kindern und Jugendlichen, den Motiven, die sich hinter gewaltsamen Handlungen verbergen, der Verbreitung von Gewalt in unterschiedlichen Gruppen und an verschiedenen Schulformen und auch mit Unterschieden im Gewaltverhalten zwischen ausländischen Schülern bzw. Schülern mit und ohne Migrationshintergrund.

Die letzte Studie, die unter Pfeiffers Leitung zu diesem Thema durchgeführt wurde, trägt den Titel „Jugendliche in Deutschland als Opfer und Täter von Gewalt" und wurde im Herbst 2009 veröffentlicht. Über 50.000 Schüler füllten einen Fragebogen aus, wobei der Schwerpunkt der Erhebung in der neunten Klasse lag. Im Folgenden sollen einige spezifische Befunde aufgegriffen werden, die im Kontext des Themas Migration und Bildung relevant erscheinen. Dabei ist der Hinweis wichtig, dass es sich bei den referierten Befunden ausschließlich um Selbstberichte handelt. Sie basieren also auf den Auskünften, die Jugendliche selbst in einem Fragebogen etwa zu verschiedenen delinquenten Handlungen gemacht haben. Einbezogen wurden neben anderen (etwa Ladendiebstahl, Graffiti

---

[5] Vgl. Baier et al. (2009).

sprühen) auch fünf Gewaltdelikte (Körperverletzung, schwere Körperverletzung, Raub, Erpressung und sexuelle Gewalt).

Bei den Mehrfachtätern erreichen Jugendliche aus dem ehemaligen Jugoslawien mit 9,4 Prozent den höchsten Wert gefolgt von jungen Türken mit 8,3 Prozent. Am anderen Ende der Skala stehen Jugendliche aus Asien mit 2,6 Prozent und deutsche Jugendliche mit 3,3 Prozent. Diese Unterschiede gleichen sich aber vollständig aus, wenn man differenzierter vergleicht, d. h. Jugendliche unterschiedlicher Herkunft mit denselben familiären, schulischen und sozialen Rahmenbedingungen sowie übereinstimmenden Werteorientierungen einander gegenüber stellt. Die insgesamt deutlich höhere Gewalttäterquote von jungen Migranten beruht danach auf mehreren Belastungsfaktoren, die bei ihnen weit stärker ausgeprägt sind als bei deutschen Jugendlichen. Von zentraler Bedeutung ist dabei, dass junge Migranten weit häufiger als deutsche Jugendliche Opfer innerfamiliärer Gewalt werden. Besonders hoch belastet sind hier Jugendliche, deren Eltern aus der Türkei, aus dem früheren Jugoslawien sowie aus arabischen oder afrikanischen Ländern stammen. Die Erfahrung innerfamiliärer Gewalt erhöht zum einen unmittelbar die Gewaltbereitschaft der Betroffenen deutlich. Zum anderen treten bei diesen Jugendlichen die vier Belastungsfaktoren, die ihrerseits die Gewaltbereitschaft fördern, wesentlich häufiger auf. Dies gilt für den Alkohol- und Drogenkonsum, die Akzeptanz gewaltorientierter Männlichkeitsnormen (sogenannte „Machokultur"), für das Schulschwänzen und für die Nutzung gewalthaltiger Medieninhalte. Der Alkohol- und Drogenkonsum fällt bei jungen Muslimen zwar schwächer aus als bei den anderen Jugendlichen mit Migrationshintergrund oder den deutschen Jugendlichen, dafür sind sie aber von den anderen Belastungsfaktoren besonders stark betroffen[6].

Betrachtet man die Gewalttäterraten nach Migrationshintergrund und Geschlecht differenziert, so zeigt sich, dass die männlichen Täter im Vergleich zu den weiblichen in allen nationalen Herkunftsgruppen deutlich dominieren. Der höchste Wert findet sich mit 36,7 Prozent bei den Südamerikanern und auch der Wert der Türkischstämmigen liegt mit 30,6 Prozent relativ hoch. Sie befinden sich dabei in enger Nachbarschaft zur ehemaligen Sowjetunion, dem ehemaligen Jugoslawien bzw. Albanien, Italien, Arabien, bzw. Nordafrika, Südeuropa und Nordamerika, die ähnlich hohe Werte zu verzeichnen haben.

Neben der Zuordnung von Gewalttäterraten zum Herkunftsland der Migranten ermöglichen die Ergebnisse der Forschungsarbeiten von Christian Pfeiffer eine Verknüpfung von aktiv ausgeübter und selbst erlittener Gewalt. Hat eine

---

[6] Baier et al. (2009: 11ff.)

Person Gewalt im Elternhaus, in der Erziehung, in der Herkunftsfamilie erlebt? Durch Ohrfeigen, Prügel oder Faustschläge? Und neigt diese Person als Konsequenz selbst verstärkt zu gewaltsamem Verhalten? Pfeiffer stellte fest, dass Kinder, die in besonders hohem Maße davon berichteten, im elterlichen Haus Gewalt erlebt zu haben, auch häufiger in der Gewalttäter-Statistik auftauchen. Er konstatiert daher einen Zusammenhang zwischen erlebter, erlittener und ausgeübter Gewalt und geht auch hier von einer Koppelung an die Herkunft der jeweiligen Person aus. So gibt es Herkunftsgruppen, die sowohl in der Täterstatistik durch besonders hohe Werte auffallen, als auch in der Statistik, die selbst erlebte Misshandlungen erfasst.

Mit Blick auf die Länder, die in den verschiedenen Gewaltstatistiken durchweg hohe Werte aufweisen, führt Pfeiffer als mögliche Erklärung tradierte Männlichkeitsvorstellungen an und es ist wohl richtig, diesen Aspekt nicht zu vernachlässigen. Zumindest ist davon auszugehen – und die Erhebungen Pfeiffers stützen diese Annahme –, dass in Ländern wie der Türkei, dem ehemaligen Jugoslawien, Arabien oder Nordafrika die Zustimmung zu gewaltlegitimierenden Männlichkeitsnormen vergleichsweise hoch ausfällt (vgl. Abb. 4).

Ob sich dahinter tatsächlich Kausalitäten verbergen, bleibt zu diskutieren. Auf jeden Fall geben sowohl die Befunde zur Mediennutzung, als auch jene zur Gewaltbereitschaft von Kindern und Jugendlichen mit Migrationshintergrund Hinweise darauf, dass Elternarbeit, bei der Eltern lernen, wie man Kinder sinnvoll beschäftigt, ihnen optimale Entwicklungs- und Bildungsmöglichkeiten bietet und Konflikte in der Familie friedlich und ohne Gewalt löst, einen wichtigen Hebel darstellen kann und auf die Bedürfnisse unterschiedlicher Migrantengruppen und Gesellschafts-Milieus abgestimmt sein muss.

Angebotsoptimierung auf Grundlage des Sinus-Modells

Wie passgenaue Bildungsangebote für Erwachsene und gerade auch für Eltern gestaltet werden können, das ist eine Frage, mit der wir uns in der Projektlinie „Soziale Milieus und Weiterbildung" anhand zahlreicher Beispiele befassen konnten. In der zweiten Projektphase, der sogenannten Implementierungsphase, konnten wir mit einer Reihe von Weiterbildungseinrichtungen Pilotangebote konzipieren, die jeweils sehr konkret die Interessen der Zielgruppen in puncto In-

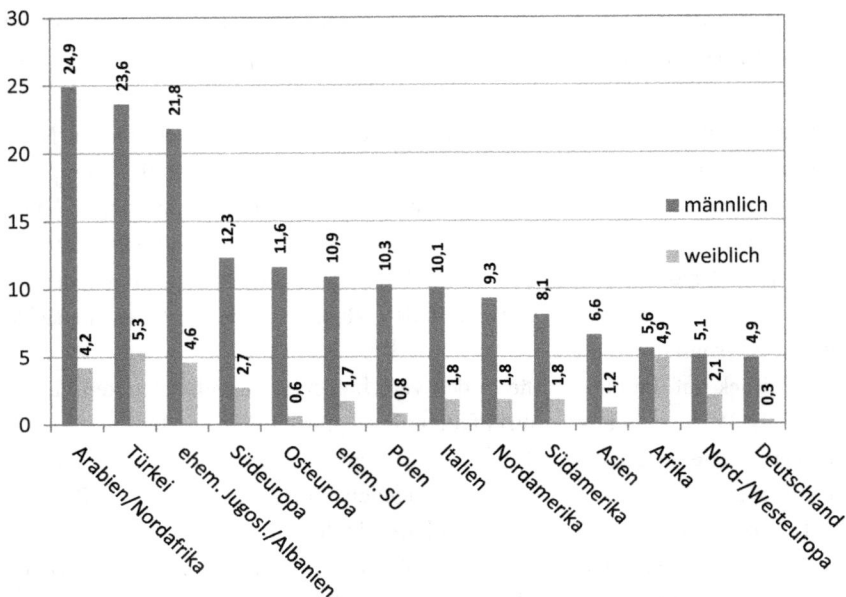

Abb. 4: Zustimmung zu Gewalt legitimierenden Männlichkeitsnormen nach Migrationshintergrund und Geschlecht (in Prozent; gewichtete Daten, signifikant bei p < .001)
Quelle: leicht veränderte Fassung nach: Baier et al. (2009: 72)

halten, Didaktik, Werbewegen und Ambiente aufgriffen. Nach den positiven Erfahrungen, die die Bildungseinrichtungen mit der Milieulandkarte für die deutsche Wohnbevölkerung machen konnten, bleibt für die Zukunft zu hoffen, dass es auch für die Milieus der Menschen mit Migrationshintergrund bald möglich sein wird, zielgruppenoptimierte Angebotsentwicklung im Sinne des Milieumarketing zu betreiben.

In der Umsetzung konnten wir mit einem knappen Dutzend großen und kleineren Weiterbildungseinrichtungen zusammen arbeiten, darunter die Lernende Region Tölz, die Volkshochschule München und das Bildungswerk der Erzdiözese Köln. Außerdem waren die Bundeszentrale für politische Bildung in Bonn, die Volkshochschulen Hamburg, Minden, Rhein-Sieg und Groß-Gerau sowie das ökumenische Bildungszentrum Sanctclara in Mannheim und das Bildungszentrum Nürnberg beteiligt. Im Laufe des zweieinhalbjährigen Projektes, das Rudolf

Tippelt und ich in Kooperation mit den genannten Partnern durchgeführt haben, konnten wir deren Angebotsideen vor dem Hintergrund des Modells der sozialen Milieus analysieren und optimieren. Es geht dem Modell dabei nicht in erster Linie darum, die Angebote von Bildungseinrichtungen in Hinblick auf Rentabilität zu optimieren, sondern darum, die potentiellen Teilnehmer von Weiterbildungsveranstaltungen in ihren Alltagsorientierungen anzusprechen und spezifische Bildungsangebote für sie zu entwickeln, die an ihre subjektiven Bewertungsmustern und Bildungsinteressen anknüpfen.

In diesem Sinne hatten wir ausgewählte Weiterbildungsangebote unserer Partnerinstitutionen in drei Schritten zu modifizieren versucht. Zunächst entwickelten wir ein Programm, das genau auf die jeweilige Zielgruppe und ihre konkreten Bedürfnisse abgestimmt war. Dann evaluierten und überprüften wir diese Entwürfe anhand von Interviews und Gruppendiskussionen – also mit Hilfe dessen, was man in der Marktforschung als „Produktklinik" bezeichnet –, um sie in einem dritten und letzten Schritt den konkretisierten Erwartungen der Zielgruppe anpassen und entsprechend optimieren zu können.

Ein Beispiel der zahlreichen Weiterbildungsangebote, deren Entwicklung wir auf diese Weise wissenschaftlich begleitet haben, ist ein von der Familienbildungsabteilung der Erzdiözese Köln initiierter Eltern-Kind-Kurs, der auf breite und positive Resonanz stieß – in der Vergangenheit allerdings vornehmlich bei Eltern, die sich als eher postmaterialistisch einstufen ließen und sich durch ein gehobenes Bildungsniveau, alternative Erziehungs-Praktiken und posttraditionale Formen familiärer Strukturen kennzeichneten. Die Klientel solcher Eltern-Kind-Kurse wurde also von bildungsaffinen und sozial abgesicherten Familien dominiert und nicht von Eltern und Kindern aus bildungsfernen und sozial schwächeren Schichten, für die ein solches Angebot indessen wesentlich wichtiger wäre und die – auch im Sinne der sozialethischen Ansprüche der Mitarbeiterinnen und Mitarbeiter kirchlicher Bildungseinrichtungen – eine wichtigere Zielgruppe darstellen.

Ziel war es daher, den Eltern-Kind-Kurs so umzugestalten, dass er im Sinne der Sinus-Milieus verstärkt die Bedürfnisse des konsum-materialistischen Milieus ansprechen würde. Im ersten Schritt musste daher die Lebenswelt der anvisierten Personengruppe vergegenwärtigt werden. Dem Sinus-Modell zufolge, ist das Bewusstsein von Angehörigen des konsum-materialistischen Segments stark davon dominiert, den gesellschaftlichen Anschluss nicht zu verlieren und „dazuzugehören". Ein entscheidendes Kriterium ist für sie dabei ein hoher Standard an Konsumgütern. So weisen Angehörige dieses Milieus – obwohl sie von der finanziellen Ausstattung her die unterste Gruppe der Bevölkerung darstellen – regelmäßig die höchste Ausstattungsrate mit moderner Unterhaltungselektronik auf. In den 80er Jahren waren es die Videorecorder, heute sind es Flachbildschirme, Smart-Phones usw. Moderne, symbolträchtige Unterhaltungselektronik ist hier deutlich stärker verbreitet als in anderen Milieus.

Möglicherweise geprägt durch Negativ-Erfahrungen während der Schulzeit, das Erleben von Überforderung und Hänseleien, hat das prekäre Milieu zu Bildung im Allgemeinen und Weiterbildung im Speziellen hingegen kaum Bezug. Weiterbildungsangebote werden nur dann in Anspruch genommen, wenn sie von Dritten (etwa der Arbeitsagentur) verlangt oder vom Vorgesetzten angeordnet werden.

Um die Menschen über Verpflichtungen dieser Art hinaus an entsprechende Bildungsangebote heranzuführen, ist es wichtig, dass sie sich ernst genommen, verstanden und individuell betreut fühlen. Niedrigschwellige Angebote für diese Gruppe bedeuten z. B. auch nicht nur niedrige Kosten, sondern auch aufsuchende Werbemaßnahmen, leichte Erreichbarkeit oder eine Kurzkonzeption, die weniger auf theoretische Begründungen als vielmehr auf umsetzbare Praxisanregungen baut. Es darf nicht zu Überforderungen kommen und auch organisatorische Dinge wie Anmeldung, Anfahrt, und Verwertung des Erlernten müssen einfach geregelt bzw. leicht verständlich aufbereitet sein.

Der Eltern-Kind-Kurs in Köln mit dem Titel „Das erste Lebensjahr. Ein Kurs für Eltern mit ihren Babys" (vgl. Abb. 5) bot ursprünglich ein Programm, das – wie beschrieben – im eher alternativen, postmaterialistischen Milieu und der gehobenen bürgerlichen Mitte Anklang fand und vor allem von jungen Müttern in Anspruch genommen wurde. Um dem Kurs ein anderes, auch für Angehörige des konsum-materialistischen Milieus attraktives Gesicht zu verleihen, wurde es in einem ersten Schritt in „Mini-Club", später in „Babynest" (vgl. Abb. 6) umbenannt. Zudem stand fest, dass die vorwiegend theorieorientierten Ankündigungsformulierungen und der überwiegend textlastige Charakter der Werbeflyer

Der Kurs

Das erste Lebensjahr

findet einmal in der Woche
für die Dauer
von 1½ Stunden statt
und wird von ausgebildeten
Eltern-Kind-Kursleiterinnen
durchgeführt.

Der Kurs

Das erste Lebensjahr

orientiert sich an der Kleinkind-
pädagogik von Emmi Pikler (1902 - 1984).
Die ungarische Kinderärztin konnte in
ihrer Forschung und praktischen Arbeit
mit Säuglingen und Kleinkindern zeigen,
wie förderlich es für Kinder ist, wenn sie
sich frei bewegen und spielen können
und liebevoll gepflegt werden.

Schon vom ersten Lebenstag an haben
Kinder die Kraft und die Fähigkeit, sich zu
äußern und ohne Umgebung zu entdecken.
Jedes Kind braucht dafür seine eigene Zeit.

Mit ihrer Pädagogik ermutigt Emmi Pikler
alle Erziehenden zu einer Haltung der
Achtung und Aufmerksamkeit dem
Kind gegenüber.

Zeit

... zur Orientierung:
Der Kurs „Das erste Lebensjahr"
bietet Müttern und Vätern Raum
für Gespräch und Information.
Wie schafft man das,
dem Kind alles zu geben, was es braucht?
Gleichzeitig den Alltag neu zu regeln?
Und bei alledem sich selbst
und die restliche Familie
nicht zu vernachlässigen?

... zum Wohlfühlen:
Die Babys können sich bei uns frei
in einem Raum bewegen, der ganz
nach ihren Bedürfnissen eingerichtet ist.
Hier können sie ungestört spielen und werden
von ihren Eltern in Ruhe gepflegt.

... zum Kennenlernen:
Die Eltern können beobachten,
wie ihr Kind aus eigener Initiative
spielt und lernt.
Sie erleben sein unvergleichbares,
immer zunehmendes Interesse
für die Welt und sich selbst.

Abb. 5: Infobroschüre Eltern-Kind-Kurs „Das erste Lebensjahr" Quelle: Erzdiözese Köln

Babynest

Für Kinder gibt es Zeit zum Spielen
- Sicheren Raum für Bewegung
- Spielzeug zum Entdecken und Lernen
- Kontakt zu anderen Kindern

Für Mütter gibt es Tipps und Informationen
- Das Baby einfach und gut versorgen
- Ein zufriedenes Baby haben
- Mehr Zeit für sich bekommen
- Lieder und erste Spiele ausprobieren
- Babyfotos aus dem Kurs kostenlos mitnehmen

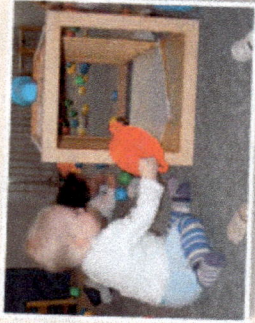

Der Kurs **Babynest** nach der Pädagogik der Kinderärztin Dr. Emmi Pikler findet einmal in der Woche für die Dauer von 2 Stunden statt.
Der Kurs wird von ausgebildeten Kursleiterinnen durchgeführt.

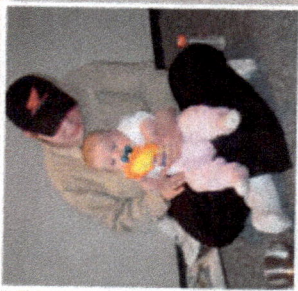

Abb. 6: Zielgruppenoptimierte Infobroschüre Eltern-Kind-Kurs „Babynest" Quelle: Erzdiözese Köln

einem praktischen, unmittelbar ersichtlichen Nutzen weichen mussten. Angehörige des konsum-materialistischen Milieus können beispielsweise mit der Information über die ungarische Kinderärztin Emmi Pikler, auf deren Pädagogik das Konzept des Kurses beruht, in der Regel wenig anfangen. Eine typische Rückmeldung aus einer Gruppendiskussion etwa lautete: „Emmi Pikler? – Kenn' ich nicht, ist mir eigentlich auch egal!". Was hier eher zählt, sind ganz konkrete Fragen wie: Was habe ich davon, wenn ich zu einem solchen Kurs gehe? Was bringt das für mich und mein Kind?

Mit Hilfe einer neuen Kampagne wurde einerseits für das Projekt geworben und andererseits versucht, Fragen dieser Art in einfachen Formulierungen zu beantworten. Prägnante Kurzinfos sollten den Zugang erleichtern:

Für Mütter gibt es Tipps und Informationen:

- Das Baby einfach und gut versorgen
- Ein zufriedenes Baby haben
- Mehr Zeit für sich bekommen
- Lieder und erste Spiele ausprobieren
- Babyfotos aus dem Kurs kostenlos mitnehmen

Zudem wurden neue Werbewege, z. B. über Hebammen- und Kinderarztpraxen ausprobiert, um die relevante Zielgruppe besser zu erreichen. Um dieses Weiterbildungsangebot auf die spezifischen Lebens- und Bewertungsgewohnheiten, die alltagsästhetischen Präferenzen usw. umzumünzen, mussten natürlich zahlreiche weitere Dimensionen angepasst werden. So gab es Neuformatierungen in Bezug auf Didaktik, Zeitabläufe, Finanzielles etc., auf die an dieser Stelle jedoch nur hingewiesen werden soll.

Tatsächlich war der Kurs – was sicherlich auch den vergleichbar geringen Kosten für die Teilnehmer geschuldet war – in der Folge sehr erfolgreich. Daher entschieden unsere Partner vom Katholischen Bildungswerk, das Ganze noch einmal zu probieren. Dieses Mal am anderen Ende der sozialen Skala, im Milieu der Performer. Das Kursprogramm wurde abermals komplett umgekrempelt und dem Profil der meist jungen Zielgruppe, die sich durch Aufstiegs- und Medienorientierung, Ehrgeiz und ein global-ökonomisches Denken auszeichnet, angepasst.

Das Beispiel zeigt sehr deutlich: Weiterbildung ist nicht gleich Weiterbildung. Man kann die Eigenheiten bestimmter gesellschaftlicher Segmente nicht missachten, kann nicht alle über einen Kamm scheren, sondern muss den einzelnen sozialen Gruppen, ihren spezifischen Anforderungen, ihren empfundenen und tatsächlichen Möglichkeiten Rechnung tragen – das gilt natürlich ebenso für Menschen mit Migrationshintergrund. Um mit demselben Kursthema verschiedene Zielgruppen zu erreichen, müssen eine ganze Reihe von relevanten Fragen, beantwortet werden: Welcher Preis ist angemessen? Welche Methodik, welche Didaktik ist zweckmäßig? Wie sollte das Verhältnis von Theorie und Praxis aussehen? Welcher Ort ist geeignet und für die entsprechende Personengruppe gut zu erreichen? Welcher zeitliche Umfang, welche Zeitstruktur ist sinnvoll? Und: Auf welchem Weg erreicht man die Menschen am ehesten?

Gerade für derartige Angebote, in denen Eltern lernen, wie man sinnvoll Kinder beschäftigt, wie man ihnen optimale Entwicklungsmöglichkeiten und Bildungsmöglichkeiten gibt und Konflikte in der Familie anders als mit Gewalt löst, ist entscheidend, dass sie für unterschiedliche Migrantengruppen unterschiedlich konzipiert sind. Denn auch hier sehen wir: Migrant ist nicht gleich Migrant. Wir haben ganz unterschiedliche Herkunftskulturen, ganz unterschiedliche Denkweisen, ganz unterschiedliche Einstellungsmuster[7]. Und diese Muster etwas genauer zu beschreiben und etwas genauer auch im Hinblick auf die Anschlussfähigkeit für Bildungs- und für Weiterbildungsangebote zu beschreiben, das ist ein Unterfangen, das noch aussteht.

Literatur

Baier, Dirk/Pfeiffer, Christian/Simonson, Julia/Rabold, Susann (2009): Jugendliche in Deutschland als Opfer und Täter von Gewalt. Erster Forschungsbericht zum gemeinsamen Forschungsprojekt des Bundesministeriums des Inneren und des KFN. Hannover: KfN.

Barz, Heiner/Tippelt, Rudolf (Hrsg.) ([2]2007): Weiterbildung und soziale Milieus in Deutschland – Praxishandbuch Milieumarketing. Bielefeld: W. Bertelsmann.

Barz, Heiner/Tippelt, Rudolf (Hrsg.) (2004–2009): Weiterbildung und soziale Milieus in Deutschland. 3 Bde. Bielefeld: W. Bertelsmann.

Bundesministerium für Bildung und Forschung (2008): Weiterbildungsbeteiligung in Deutschland – Eckdaten zum BSW-AES 2007. Verfügbar unter: http://www.bmbf.de/pubRD/weiterbildungsbeteiligung_in_deutschland.pdf (13.09.2011).

---

[7] Vgl. den Beitrag von Meral Cerci in diesem Band.

Klieme, Eckhard/Artelt, Cordula/Hartig, Johannes/Jude, Nina/Köller, Olaf/Prenzel, Manfred/Schneider, Wolfgang/Stanat, Petra (Hrsg.) (2010): PISA 2009. Bilanz nach einem Jahrzehnt. Münster: Waxmann.

Sinus Markt- und Sozialforschung GmbH (2010): Die Sinus-Milieus® in Deutschland 2011. Verfügbar unter: http://www.sinus-institut.de/loesungen/sinus-milieus.html (11.08.2011).

Sprung, Annette (2008): Man lernt nie aus? MigrantInnen in der Weiterbildung am Beispiel Österreichs. In: Bildungsforschung 5.1. Verfügbar unter: http://www.bildungsforschung.org/index.php/bildungsforschung/article/viewFile/100/102 (06.05.2011).

Stanat, Petra/Rauch, Dominique/Segritz, Michael (2010): Schülerinnen und Schüler mit Migrationshintergrund. In: Klieme et al. (2010): 200–230.

Über die Autoren

Bruno Bleckmann

Prof. Dr. Bruno Bleckmann, studierte an den Universitäten Würzburg, Münster und Köln Geschichte, Latein und Romanische Philologie. Erste Staatsprüfung für das Lehramt an Gymnasien und Promotion in Köln. Stationen als Assistent an den Universitäten Köln und Göttingen; dort 1996 Habilitation. Nachdem er zunächst Gastprofessor und schließlich ordentlicher Professor am Institut d'histoire romaine der Universität Strasbourg war, folgte er 2002 einem Ruf an die Universität Bern/Schweiz. Seit dem Wintersemester 2003/2004 ist er Lehrstuhlinhaber für Alte Geschichte an der Heinrich-Heine-Universität Düsseldorf und seit 2010 dort Dekan der Philosophischen Fakultät.

Armin Laschet

Armin Laschet, 1961 in Aachen geboren, absolvierte nach dem Studium der Rechts- und Staatswissenschaften in München und Bonn und dem 1. Juristischen Staatsexamen am Oberlandesgericht Köln eine Ausbildung zum Journalisten. Danach freier Journalist für bayerische Rundfunksender sowie das Bayerische Fernsehen, wissenschaftlicher Berater der Präsidentin des Deutschen Bundestages, Prof. Dr. Rita Süssmuth, und Chefredakteur, Geschäftsführer sowie Verlagsleiter der Einhard-Verlags GmbH. Von 1994–1998 Abgeordneter des Deutschen Bundestages, von 1999–2005 Europaabgeordneter für die CDU. 2005 bis 2010 Minister für Generationen, Familie, Frauen und Integration des Landes Nordrhein-Westfalen. Seit 2008 ist Armin Laschet Mitglied des CDU-Bundesvorstandes und seit 2010 stellvertretender Vorsitzender der nordrhein-westfälischen CDU-Fraktion.

Meral Cerci

Meral Cerci, M. A., seit Juni 2005 im Landesbetrieb Information und Technik Nordrhein-Westfalen (IT.NRW) verantwortlich für die Beratung von NRW-Ressorts und für Sonder-Forschungsprojekte mit den Schwerpunktthemen Integration und Interkultur. Lehrbeauftragte am Institut für Medien- und Kulturwissenschaft an der Heinrich-Heine-Universität Düsseldorf. Nach Studium der Soziologie, Psychologie und Medienwissenschaft tätig als Medienforscherin für das

Monheimer Institut für Markt- und Medienforschung. Anschließend Wechsel zur Deutschen Post World Net, dort zunächst Leitung des Aufbaus der Online-Forschung und später internationale, konzernweite Forschungsprojekte, z. B. zum Thema Unternehmenskultur.

Klaus Spenlen

Dr. Klaus Spenlen arbeitete nach Studium der Erziehungs-, Sozialwissenschaften, Geschichte und Germanistik zunächst als Lehrer. Später in der Lehrerausbildung tätig und Ministerialrat im Wissenschafts- und Schulministerium NRW. Vertreter der Kultusministerkonferenz (KMK) in der Deutschen Islamkonferenz, Politikberatung, Mitarbeit in Expertenkommissionen über Erziehungsfragen mit europäischen Regierungen sowie Regierungen islamisch geprägter Staaten. Lehrbeauftragter in der Abteilung für Bildungsforschung und Bildungsmanagement am Institut für Sozialwissenschaften der Heinrich-Heine-Universität Düsseldorf.

Marc Thielen

Dr. Marc Thielen war nach dem Studium der Sozialarbeit und der Sozialpädagogik an der Katholischen Hochschule für Soziale Arbeit Saarbrücken und der Erziehungswissenschaften (Heil- und Sonderpädagogik) an der J. W. Goethe-Universität Frankfurt am Main zunächst als pädagogischer Mitarbeiter in der ambulanten Jugendhilfe tätig. 2004 bis 2010 wissenschaftlicher Mitarbeiter am Institut für Sonderpädagogik der Goethe-Universität. 2009 Verleihung des Augsburger Wissenschaftspreises für Interkulturelle Studien. Seit Oktober 2010 Vertretungsprofessor für Lernbehindertenpädagogik/Lernhilfe an der Goethe-Universität Frankfurt am Main. Wissenschaftliche Schwerpunkte im Bereich Erziehung und Bildung, vor allem im Kontext von (Flucht-)Migration, beruflicher Eingliederung benachteiligter Jugendlicher und Erwachsener sowie Genderforschung.

Heiner Barz

Dr. Heiner Barz, Universitätsprofessor für Erziehungswissenschaft an der Heinrich-Heine-Universität, Düsseldorf. Leitung der Abteilung für Bildungsforschung und Bildungsmanagement. Forschungsschwerpunkte: die am Lebenswelt-Paradigma orientierte Bildungsforschung zu reformpädagogischen Schulen (Waldorf,

Montessori); Evaluationsforschungsprojekte im Kontext Kulturelle Bildung, Schule, Jugendarbeit; Bildungsmarketing, Bildungsfinanzierung, Bildungscontrolling. Seit 2009 Vorsitzender des Vorstands des Instituts für Internationale Kommunikation in Zusammenarbeit mit der Heinrich-Heine-Universität Düsseldorf e. V. (IIK).

Das Institut für Internationale Kommunikation (IIK)

Das Institut für Internationale Kommunikation (IIK Düsseldorf e. V., http://www.iik-duesseldorf.de) ist deutschlandweit einer der erfolgreichsten Bildungsanbieter an der Schnittstelle zwischen Hochschule und Wirtschaft. Das gemeinnützige Institut, 1989 aus der Düsseldorfer Germanistik ausgegründet, genießt wegen seines umfassenden, innovativen Service für Hochschulen, öffentliche Institutionen und Firmen auch international einen hervorragenden Ruf.

Besonders bekannt ist das IIK durch seine Expertise für das Lehren & Lernen des Deutschen als Fremdsprache, das es seit seiner Gründung durch Publikationen, Veranstaltungen, Websites und kostenlose Online-Dienste unterstützt. So führt das Institut in diesem Bereich zahlreiche Bildungsprogramme für Hochschulen in den USA, Frankreich, Japan, Korea, China, Russland, Ägypten, Golfstaaten, Saudi-Arabien, Jordanien u. a. durch.

Als großes Testzentrum legen knapp 4.000 Kandidaten jährlich ihre Prüfungen am IIK ab, vor allem im Bereich Sprachen (z. B. für TOEFL, TOEIC, GMAT und TestDaF). Zugute kommen dem Institut dabei insbesondere sein internationales Netzwerk germanistischer Institute und das junge, motivierte Team Düsseldorfer Absolventen und externer Fachkräfte.

Jedes Jahr nutzen über 2.500 Kursteilnehmer die Fort- und Weiterbildungskurse des IIK Düsseldorf für Studium und Karriere. Den Schwerpunkt bilden Sprachkurse, daneben sind Management- und Kommunikationstrainings wichtiger Bestandteil des IIK-Kursangebots. Intensivtrainings machen fit für den beruflichen Aufstieg und vermitteln unverzichtbare Schlüsselqualifikationen.

Ausschließlich an Unternehmen richtet sich die IIK Firmenservice GmbH, eine 100%ige Tochter des IIK Düsseldorf e. V., die Sprach-, Kommunikations- und Managementtrainings für namhafte deutsche Unternehmen gezielt auf den jeweiligen Betrieb zuschneidet und weitere Text- und Online-Dienste für Unternehmen anbietet.

Das IIK arbeitet bei der Förderung der Internationalisierung und bei Projekten wie dem „Sommercampus Düsseldorf" eng mit den Düsseldorfer Hochschulen und der Stadt zusammen. Finanziell unterstützt werden zudem internationale Aktivitäten wie beispielsweise:

- Internationale Veranstaltungen und Publikationen
- Studierende und Dozenten aus dem In- und Ausland
- Websites zum Deutschlernen

Hinzu kommen weitere Projekte wie Organisation von Fachtagungen und Vorträge von IIK-Mitarbeitern auf Kongressen an Hochschulen und Institutionen im In- und Ausland, die Teilnahme an Hochschulmessen in Mexiko, Kolumbien, Russland, Griechenland, Brasilien, USA, China u. a., die Mitarbeit im Vorstand des Fachverbands Deutsch als Fremdsprache (FaDaF e. V.), im Beirat der Konferenz „Sprachen und Beruf" sowie im EU-Projekt IDIAL4P.